Irmgard Graul

Von damals bis heute
-
Kinder, wie doch die Zeit vergeht

AF139396

Herstellung und Verlag:
BoD - Books on Demand, Norderstedt
ISBN 978-3-7347-5448-7

Inhaltsverzeichnis

Meine Kindheit

Die Kinderjahre verbrachte ich in Falkenstein im Vogtland. Da wurde ich geboren. Es gehört zum Land Sachsen und hat eine schöne Landschaft. Bergig und hügelig ist die Gegend. Zwischen Wald und Wiesen recken sich kleinere und größere Felsen empor. Dort herrscht ein raues Klima. Hart und von langer Dauer können die Winter sein. Schneereich ist die Gegend. Wintersport bietet sich in vielen Variationen als Sport an. Reine und gesunde Luft füllt die Lungen. Steinig ist der Boden und Bauernhöfe sind kaum zu finden.

Die Arbeitslosigkeit war groß. Es war eben eine arme Gegend. Industrie war kaum vorhanden. Rundum boten weitläufige Wälder Holz zur Verarbeitung. Hier und da fanden sich Sägemühlen. So mancher Familienvater erarbeitete sich in diesen Lohn und Brot. Die Göltzsch, ein fließendes Gewässer, bahnt sich ihren Weg durch die schöne Landschaft. In früheren Zeiten florierte die Holzflößerei in beachtlicher Entfernung. Im Kommen waren Webereien – hauptsächlich für Gardinen. In manchen Hintergebäuden wurden Webstühle aufgestellt. Kleine selbstständige Unternehmen entstanden. In deren Folge wurden Näherinnen benötigt. Jungen Mädchen boten sich somit Arbeits- und Verdienstmöglichkeiten. In Stellung zu gehen, wäre für sie die andere Möglichkeit gewesen. So nannte sich die Tätigkeit, im Haushalt bei begüterten Herrschaften, die sich eine Hilfe leisten konnten, zu arbeiten. Der Lohn wird wohl recht gering gewesen sein.

Eine kleine Schokoladenfabrik befand sich ganz am Rande der Stadt. Ihre Produkte wurden unter dem Namen „Falkenflug" angeboten. Welch ein verführerischer Duft kam aus deren Räumen! Uns weckte der Duft dieser unerfüllbaren Begehrlichkeit.

Eine Kleinstadt ist und war Falkenstein. Ihre Ortslage steigt bis auf 575 Meter an und senkt sich hinab bis auf ca. 300 Meter. Schöne Spaziergänge lassen sich rundum durch Wiesengrund und weite Wälder genießen. Gute Erholung ist geboten.

Ein harter Winter

Der 24. Februar 1924 soll ein sehr frostiger Tag gewesen sein, wie mir erzählt worden ist. Dickes, glitzerndes Weiß bedeckte Stadt und Flur. Bei jedem Schritt vernahm man das Knirschen des Schnees. Eisblumen zierten so manche Fensterscheibe. Es war Sonntag. Von der nicht weit entfernten Kirche tönten die Glocken durch die eiskalte Luft. Die Frommen rief man zum Gottesdienst. In dieses Geläut mischte sich mein erster Schrei. Er ließ wissen: Ich bin da. Es war 9 Uhr morgens. Sollte das Geläut ein Willkommen für mich sein? Ach ja, einbilden darf ich es mir schon.

Nur Hausgeburten waren zu dieser Zeit üblich. Kündigte sich der Geburtsvorgang an, musste die Hebamme unverzüglich verständigt werden. Auch zu mitternächtlicher Zeit musste sie bereit sein zu kommen und über Nacht zu bleiben, wenn sich die Geburt hinzog.

Da lag ich mit meinen sechs Pfund, die die Waage zeigte. Ein Stubenwagen oder gar eine Wiege stand nicht bereit. Der Wäschekorb, ausgelegt mit einem Strohsack, gab mir Wärme und Geborgenheit. Auf zwei Stühlen stand er der Sicherheit wegen.

Neugeborene kamen in ein so genanntes Steckkissen. Beidseitig angebrachte Bänder, zu Schleifen oder zu knöpfenden Stoffriegeln gebunden, hielten das Bündel zusammen. Spitze zierte das

Kopfteil. Recht hübsch sollte es aussehen. Beinfreiheit gab es dem Wickelkind nicht.

Strampelhöschen gab es lange noch nicht. Von Pampers hatte man noch keine Ahnung. Nur Stoffwindeln standen zum Gebrauch bereit. Fast tägliches Waschen war erforderlich. Unvermeidlich stand der Wäschetopf ständig auf dem Herd, denn der baldige Wiedergebrauch war nötig. Der Vorrat an Windeln war bescheiden. Im Sommer durften sie in Wind und Sonne draußen flattern. Der Wäscheboden tat im Winter seine Dienste. Wurden sie bis zum nächsten Gebrauch nicht ganz trocken, musste eine Vorrichtung über dem Herd mit seiner Ofenwärme noch das nötigste tun. Bei meiner Geburt wohnten die Eltern in der Gustav Adolf Straße Nr. 11. Fünf Familien wohnten im Haus. Wohnungen waren sehr rar. Meist bestanden sie nur aus zwei Räumen – ohne Vorraum. Die Wohnküche war für alle der Aufenthaltsraum. Der andere Raum war zum Schlafen gedacht. Die Personenzahl einer Familie konnte nicht berücksichtigt werden. Es war keine Seltenheit, dass zwei oder gar drei Kinder in einem Bett Platz finden mussten. Im Treppenhaus, einige Stufen nach unten, befand sich das nötige Örtchen. Ein einladender Ort mit seinem Plumpsklo war es nicht. Für die Spülung stand ein mit Wasser gefüllter Eimer oder Krug bereit. Zeitungspapier tat seinen nötigen Dienst. In gleichgroße Stücke geschnitten hielt es sich auf einen Haken gespießt oder am Faden aufgereiht für seine Verwendung bereit. Papa hatte für die unseren ein Kästchen gebaut, worin sie sich bereithielten. War bei Dunkelheit oder gar bei Nacht ein unaufschiebbarer Gang nötig, musste eine Kerze ihr meist dürftiges Licht spenden. Besser war eine Petroleumlampe. Treppenhausbeleuchtung gab es nicht.

Wohnungswechsel

Zwei Jahre alt dürfte ich gewesen sein, da bekamen wir eine Wohnung in einem Neubau. Unser Zuhause lag jetzt in der Goethestraße 62. Dieses Haus bot schon Fortschrittlicheres. Eine Erkerwohnung hatten wir – sogar mit Vorsaal. Nur das Örtchen war noch immer im Treppenhaus, wie gehabt. Ganz am Rand der Stadt wohnten wir. Eine schöne Gegend war es, rundum viel Grün. Der Blick aus dem Fenster führte über ausgedehnten Wiesengrund weiter hinauf zum Mühlberg. Ein unendlich scheinendes Waldgebiet dehnte sich dahinter aus. Gleich über die Straße auf der anderen Seite war eine kleine Gartenanlage angelegt worden.

Eine ruhige Gegend war es. Kein Straßenverkehr störte. Autos gab es noch kaum. Ein Pferdegespann kam höchstens mal angezockelt. Hieß es „Hü" lief der Gaul los. Ließ der Kutscher ein „Brüh" hören, wusste das Pferd, dass es anhalten musste. Mit seinem Gespann konnten wir täglich den Milchmann erwarten. Mit vollen Kannen fuhr er von Haus zu Haus. Er stieg treppauf, treppab und brachte den Hausfrauen die Milch bis an die Wohnungstüre. Mit einem genormten Schöpfer füllte er die gewünschte Menge in die bereitgehaltenen Gefäße.

Unser Sommerparadies

Ein Garten gehörte zu jeder Wohnung. Gleich vom Hof aus war er zugänglich. Als wir klein waren, hatte der Sandkasten seine Wichtigkeit. Wir buddelten, füllten Förmchen und boten Sandkuchen feil. Eine Doppelschaukel hatte Papa für uns errichtet, jedem die seine. Die mit Sitzbrett war für mich. Das kleine Brüderchen bekam eine, in der es sicher saß. An heißen Sommertagen stand die mit Wasser gefüllte Zinkwanne zur Abkühlung als Planschbecken bereit.

An sonnigen Nachmittagen ließ sich Mama auf der Gartenbank nieder. Bald klapperten ihre Stricknadeln. Oft stand auch der Korb mit Strümpfen neben ihr, deren Löcher gestopft werden wollten. Oder es mussten sonstige Flickarbeiten getan werden. Ihre Hände ruhten selten. Hausfrauen hatten immer etwas zu tun.

Ein Teil des Gartens blieb für Papa. Ein Blumengärtchen legte er an. Ein niedriger Zaun umrandete das Geviert. Wir Kinder sollten nicht unbedacht auf die Pflanzen treten. Hatte der Frühling sich sein Recht erkämpft und den Winter vertrieben, wagten sich die Primeln bald hervor. Die Tulpen ließen sich etwas länger Zeit, bis sie sich reckten und ihre schönen Blüten zeigten. Das kleine Fliederbäumchen in der Ecke schmückte sich mit seinen lilafarbenen Dolden im Mai. Das passte gerade zu Mamas Geburtstag. Da kamen einige Zweige in die Vase.

Im Spätsommer forderten die Dahlien Aufmerksamkeit mit ihrer Vielfalt an Formen und Farben. Sie waren Papas Lieblingsblumen. Eine besondere Sorgfalt kam ihnen zu. Im Herbst wurden ihre Wurzeln aus der Erde genommen. Gut gesäubert bekamen sie im Keller einen Platz für die Ruhezeit. Da sammelten sie Kraft und Saft für die Blütezeit des nächsten Sommers.

Es fand sich noch ein freies Plätzchen ganz hinten im Garten und bot sich für eine Verwendung an. Einen stabilen, geräumigen Stall baute Papa darauf. Ein Fenster erhellte den Innenraum. Ein Teil war für die Häschen vorbehalten. Wir verwöhnten die Hasen mit frischen Löwenzahnblättern, die sie gerne mochten. Dazu bekamen sie ihre Streicheleinheiten. Wir hatten unseren Spaß, wenn sie im Garten herum hoppeln konnten.

Zwei Gänse durften auch einmal ihr Geschnatter hören lassen. War ihre Zeit des Freilaufs, da nahmen wir lieber Reißaus, denn vor ihnen hatten wir gehörigen Respekt. Um die Weihnachtszeit schmorten sie in Mamas Bratentopf.

Eines Tages drangen Grunzlaute aus dem Stall. Ein kleines Schweinchen sollte groß und fett gefüttert werden. Ganz ungestüm rannte es im Garten herum, wenn es an seiner Zeit war. Ein Allesfresser war es. Von unseren Küchenabfällen wäre es nicht satt geworden. Das meiste Futter bekamen wir von der Bahnhofsgastwirtschaft. Dorthin wurde Mama öfters als Spülfrau und zu anderen

Tätigkeiten gebeten. Anfallende Küchen- und Essensreste durften geholt werden. In Eimer gefüllt wurden diese in Handwagen nach Hause gekarrt. Erst führte der Weg ein gehöriges Stück bergauf, dann wieder bergab. Es war eine beachtliche Strecke zu laufen. Gerne nahmen die Eltern diese Plage auf sich. Heißt es nicht, ohne Fleiß kein Preis? War es dann an der Zeit, dass der Metzger seinen Einsatz bekam, ach wie angstvoll quiekte da das Tier, als es aus dem Stall getrieben wurde. Wohl ahnte es, was mit ihm passieren würde. Die Mama hat mit ihm gelitten und es flossen einige Tränen. Es war doch ihr Zögling, den hauptsächlich sie liebevoll versorgte. Da war eine Beziehung gewachsen. Das Schicksal des Tieres hatte aber seine Vorbestimmung. Zur Bereicherung des Küchenplanes war es gedacht, bei dem meistens Schmalhans die Regie führte.

Der Klapperstorch

Ich war fast vier Jahre alt. Wie gerne hätte ich ein Brüderchen gehabt. Einen Namen hatte ich schon. Manfred sollte er heißen, wie der Bub im Nachbarhaus. Die kleinen Kinder bringe der Storch, wurde ich belehrt. Zucker müsse man auf den Fenstersims streuen. Adebar wisse dann Bescheid. Bei dieser verantwortungsvollen Tätigkeit war mir Papa behilflich. Er öffnete das Fenster. Ich kletterte auf den Stuhl. Ein kühles Lüftchen zog herein. Es war schon Herbst. Der Wind rüttelte an den Bäumen und trieb sein Spiel mit den Blättern. Tänzelnd ließ er sie zu Boden schweben. Ich streute vorsichtig meinen Zucker auf den Sims. Der Wind würde diesen doch nicht wegblasen? Der Storch sollte ihn auflecken, damit er mir ein Brüderchen brächte. Bangen Herzens ließ ich mich mit dem Zweifel, ob der Zucker auch gesehen werden würde, zu Bett bringen.

Am Morgen lief ich schnell zum Fenster hin, um zu sehen, ob mein Lockmittel weg war. Ja, der Storch hatte es aufgeschleckt. Würde das Baby bald kommen? Aus einem Teich müsse es gefischt werden, ließ man mich wissen. Na, das könnte dauern, dachte ich mir.

Waren es Wochen oder gar bloß Tage, die vergingen? Der Kalender zeigte den 3. November 1927, da war er plötzlich da – der kleine Manfred. Im Wäschekorb lag er, wie ich damals. Warum hatte die Großmutter mich zu sich genommen? Wie dumm, ich wollte doch den Storch sehen.

Warum aber lag die Mama im Bett? Der Storch habe sie ins Bein gebissen. Was war das denn für ein schlimmer?! Ich habe es gesehen. Ins linke Bein biss er sie. Ein rotes Tüchlein war darum gebunden. Nein, die Wunde selbst zeigte man mir nicht. Ja, so wurde mir die Mär von der Geburt erzählt.

Die Doppelfenster

Spürte man die Kühle des Herbstes, so kündigte sich die baldige kalte Jahreszeit an. Die Doppelfenster wurden angebracht. Ein beachtlicher Raum blieb zwischen den Sommerfenstern und denen des Winters frei. Papa legte diesen mit frischem Moos, das er aus dem Wald holte, aus. Durch eventuelle Ritzen sollte keine Kälte eindringen können. Mit kleinen Holzfiguren durften wir das Moos beleben. Eine kleine Welt ließen wir darauf entstehen. Da standen kleine Häuschen, Weiblein, Männlein, verschiedene Tiere und ein kleines Pferdegespann. Es waren niedliche Figuren aus dem Erzgebirge. Nun wussten wir: Bis Weihnachten war es nicht mehr weit.

Die Christstolle

Schon lange vorher musste an die Vorbereitung der Stolle gedacht werden. Sie benötigt eine längere Lagerzeit. Vom Einkauf des ganzen Jahres sammelte Mama die Rabattmarken. Von deren Erlös wurden die benötigten Zutaten gekauft. Die Haushaltskasse ließ solche Ausgaben nicht zu. Ein Weihnachtsfest ohne Stolle ist in Sachsen fast nicht denkbar. Sie gehört zum Fest genauso dazu wie der Christbaum.

Heiligabend

Eine Hektik zog an diesem Tag bei uns ein. Nur meinen Bruder und mich plagte Langeweile. Kam die Dunkelheit über das Land, brannten in manchen Haushalten am Christbaum schon die Kerzen. Da hatte Mama meist noch das Putztuch in der Hand. Alles musste zum Fest sauber sein und glänzen bis in die äußerste Ecke des Haushaltes. Oder sie stand am Herd und traf Vorbereitungen für das Mahl des Christtages.

Wie immer gab es am Heiligabend Kartoffelsalat und Würstchen. Danach mussten wir bald ins Bett. Warum wohl? Nichts wies auf Weihnachten hin. Gedämpft drang der Gesang von Weihnachtsliedern aus der Nachbarschaft an unser Ohr. Mit diesen schlummerten wir in die Heilige Nacht hinein. Derweil begann bei den Eltern das Herrichten. Manche Dinge hatten bei der Aufbewahrung gelitten und mussten in Ordnung gebracht werden. Der Christbaum wurde aus seinem Versteck geholt und wollte noch seine weihnachtliche Zierde haben. Bis in die tiefe Nacht werkelten die Eltern.

Noch hüllte die Dunkelheit den kommenden Tag ein. Wir aber waren schon lange wach und lauschten, ob sich nicht bald das Glöckchen hören ließ. Dann aber schnell aus den Betten und hinüber. Wie staunten wir. Was war über Nacht geschehen? Dieser feierliche Glanz. Am Baum brannten die Kerzen und die Tanne füllte den Raum mit ihrem Duft. Da standen wir und staunten. Da war sie wieder, meine Puppenstube, wie jedes Jahr. Einst hatte sie Papa mit viel Liebe und Geschick selbst gebaut. Aus Zigarrenkistchen waren die Möbel gemacht. Mama hatte mit Näharbeit für Kissen und Gardinen das Ihre getan. Mit Häkelnadeln und Wolle entstanden neue Kleidchen für die kleinen Puppen. Nun durften die Püppchen wieder zum Leben erweckt werden.

Als das Brüderchen noch klein war, hatte ihm Papa einen Stall mit zwei hölzernen Pferdchen gebaut. Hinter der Türe des Dachbodens befand sich der Vorrat an Heu. Auch hölzerne Pferdchen wollten gefüttert werden.

Nun war es der Kaufladen, der erfreute. Wie viele Kinder diesen schon ihr Eigen genannt hatten, verriet er uns nicht. Liebesperlen und Puffreis füllten die kleinen Schubkästchen. Kleine Schachteln und Dosen, den großen nachgeahmt, standen zum Verkauf. Wenige Marzipanstücke ergänzten die Auslage. Sogar richtige kleine Würstchen waren im Angebot. Diese waren eine Zugabe vom Metzger beim Weihnachtseinkauf gewesen. Die kleine Waage mit zwei Waagschalen war von großer Wichtigkeit. Die Kasse für das Papiergeld durfte nicht fehlen. Alles musste seine Ordnung haben. Gingen die kleinen Tütchen bald aus, falteten und klebten wir selbst welche. Drohte der Ausverkauf der Ware, wusste Mama Rat. Ihr Küchenvorrat gab dann Nachschub: Weiße Bohnen, Linsen, Suppensternchen oder Buchstabennudeln waren zum Auffüllen gut geeignet. Sie gaben Garantie für lange Lebensdauer. Zur Naschsucht verleiteten sie nicht. Das Spielen aber konnte weitergehen.

Unterm Christbaum befand sich je ein Teller gefüllt mit Naschereien. Ein Hexenhäusel mit Schokolebkuchen und sogar eine Tafel Schokolade war dabei. Äpfel und ein paar Nüsse brachten das Volumen. Mandarinen und Orangen gehörten noch zu den selteneren Dingen.

Geschenke an sich fanden sich kaum. Wenn dann mal ein Paar Strümpfe, wenn sie gerade nötig waren oder eben was sonst noch dringend gebraucht wurde. Wie habe ich mich über das Schürzchen für die Puppe gefreut. Strickfäden für die vorgezeichneten Kreuzchen waren gleich mit dabei. Später durfte ich erfahren, dass deren Preis 15 Pfennige betrug. Ja, solche Kleinigkeiten konnten mich glücklich machen. Wie reich beschenkt kam ich mir vor, als ich von der Braut eines Onkels ein Körbchen mit bunten Wollresten bekam. Gleich nahm die Häkelnadel ihre Arbeit auf.

Hatten wir am Weihnachtsmorgen alles bestaunt, zog bald ein guter Kaffeeduft durch den Raum. Bohnenkaffee gehörte zum seltenen Genuss, der mal die Tasse füllte. Am Weihnachtsmorgen fand immer der Anschnitt der ersten Stolle statt, das gehörte bei den Eltern dazu. Unser Labsal blieb Kathreiners Malzkaffee. Die Kerzen am Baum zauberten noch immer ihre festliche Stimmung, bis sie heruntergebrannt waren.

Der Weihnachtsmann

Älter geworden glaubten wir längst nicht mehr an den Weihnachtsmann, der Geschenke brachte. Wir wussten nun, dass die Eltern einem diese Freuden bereiteten. Sollten wir nicht Gleiches tun und sie erfreuen? Mein selbstgefertigter Topflappen aus dem Handarbeitsunterricht war das Geschenk für Mama. Schön fand ich ihn. Braun war er und grün umhäkelt. Nur die Maschen meiner Häkelkunst waren noch recht locker. Seine Eignung stand in Zweifel. Zwei hätten es auch sein sollen. Er blieb ein Einzelstück und diente als Zierde. Nun noch ein Geschenk für Papa: Was könnte das bloß sein? Für mein ganzes Vermögen von zehn Pfennigen erstand ich eine Schachtel Lloyd, deren Inhalt vier Zigaretten waren. Zur Zierde noch ein rotes Bändchen darum und ein kleines Zweiglein Tannengrün eingeschoben. Ach, wie hübsch sah es aus. Das für Mama war schon verpackt. Nun, wohin mit diesen Geschenken bis zum Fest? Unter meinem Bett würden sie vor Blicken sicher sein, dachte ich. Also ganz nach hinten damit. Das Saubermachen hatte ich nicht bedacht, Mama hatte mein Versteck entdeckt. Schweigen wurde gewahrt. Jahre später durfte ich von dem Malheur erfahren.

Ein Puppenwagen

Trotz größter finanzieller Einschränkungen, vielleicht wäre das Wort Armut passender, besaß ich einen Puppenwagen, einen schönen – sogar modernen. Die Eltern konnten ihn gewiss nicht kaufen von dem wenigen -meist Arbeitslosengeld. Nie habe ich nach dessen Herkunft gefragt. Denken kann ich mir schon, woher er kam. Meine Vermutung richtet sich auf die Pächterfamilie der Gastwirtschaft vom Bahnhof. Von ihnen hatten wir manche unterstützende Hilfe erfahren dürfen. Deren einzige Tochter war aus dem Spielalter heraus und so kamen mir manche Dinge zu gute. Sogar eine Puppenstube bekam ich noch, so hatte ich derer zwei. Die Möbel waren in vornehmen Stil ausgestattet: aus Nussbaum. Die Sitzmöbel waren mit lilafarbener Samtpolsterung verschönert worden. Die von Papa hatte eine geräumige Küche. Die andere war der Wohnbereich und kam als Stockwerk obenauf. Später durfte sich an all diesen Sachen eine kleine Cousine erfreuen.

Spielgefährten

Zu unserer Zeit gab es keine Kindergärten, in denen man schon wie heute so manches hätte lernen können. Den Müttern stand unsere Obhut zu. An Spielgefährten mangelte es nicht. Ich hatte in den ersten Kinderjahren aber nur Buben zum Spielen. Es gab rundum kein Mädchen in ungefähr meinem Alter. Auch Kindergeburtstage wurden nicht gefeiert. Diese waren gar nicht in Mode. Damit sich der Tag von den anderen etwas abhob, hat Mama immer einen Marmorkuchen gebacken. Diesen mochte man wegen seines Schokoanteils. Geschenke gab es nicht. Nur einmal bekam ich von der Patentante drei Päckchen Schokoladenpudding, meine Lieblingssorte. Natürlich hatten dann alle daran mit Anteil. Sonstige Geschenke oder gar Spielzeug bekamen wir zu diesem Anlass nicht. Ein Spielwarengeschäft gab es bereits im Ort. An dessen Schaufenster drückten wir uns oft die Nasen breit, wohlwissend, dass diese Dinge für uns unerreichbar bleiben würden. Trotz allem kann ich sagen, dass wir eine zufriedene Kindheit hatten. Genügsamkeit war unserer Tage Los.

Die Sonntagschule

Durften wir das Sonntagskleid anziehen, wussten wir: Dieser Tag würde sich von den anderen abheben. Wir gingen zur Sonntagschule. So wurde der Kindergottesdienst genannt. Gemeinsam gingen wir Nachbarskinder hin. In Gruppen gleichen Alters wurden wir eingeteilt. „Tante" durften wir unsere Betreuerin nennen. Sie erzählte uns biblische Geschichten und was für uns sonst alles von Interesse war. Unsere Kollekte steckten wir in ein Kästchen auf dem ein kleiner Neger saß. Waren unsere Pfennige hörbar gefallen, nickte er als Dank mit dem Köpfchen. Zum Abschluss bekamen wir immer ein Bildchen. Das war uns wichtig.

Das Sommerfest

Jedes Jahr in den großen Ferien fand das Sommerfest der Kirchengemeinde statt. Wie freuten wir uns darauf! Auf einem großen Grundstück im Grünen fanden wir uns ein, dies war im Besitz der Gemeinde. Hier konnten wir uns austoben. Bei Sackhüpfen, Eierlauf, Topfschlagen und was es sonst so gab, wetteiferten wir gegeneinander. Die Kleinen zog es zu Wippe und Schaukel. Uns Ältere drängte es zur Schwebebahn. Schön der Reihe nach ging es voran. Etwas Mut gehörte schon dazu. Zwischen zwei Säulen war ein dickes Drahtseil gespannt. Es hatte leichtes Gefälle. Ein Bügel rollte darauf abwärts. Gut festhalten hieß es. Vor dem Ziel mussten die Beine vorgestreckt werden. Ein festgestopfter Strohsack pufferte den Anstoß ab. Ach, war das Schweben schön! Immer und immer wieder wollte man es genießen.

Fing der Tag an zu dämmern und Dunkelheit legte sich über uns, formierten wir uns zum Lampionlauf. Singend drehten wir einige Runden auf dem Grundstück. In Begleitung der Eltern leuchtete uns die Laterne noch bis nach Hause. Ein schöner Tag fand so sein Ende. Die Monate vergingen und dann eiferten wir wieder einem Höhepunkt zu: der kirchlichen Weihnachtsfeier. Bald begannen die Vorbereitungen für die Aufführung des Krippenspiels. Wie gerne hätte man dabei sein wollen, wenigstens mal ein Engel sein dürfen, so als Statist mit auf der Bühne stehen dürfen! Nach den Darbietungen folgte immer die

Bescherung. Jedes Kind wurde bedacht. Es gab Äpfel, Nüsse und Lebkuchen. Natürlich war ein richtiges Geschenk dabei. Die kleinen Kinder wurden mit einem Spielzeug bedacht. Wir größeren, die schon des Lesens kundig waren, wurden mit einem Buch überrascht. Zwei haben mich sogar als mein Besitz durchs Leben begleitet. Bilderbücher oder Märchenbücher bekamen wir von den Eltern nicht geschenkt. Diese konnten sie eben nicht kaufen. Bekam ich Mamas Kochbuch in die Hand, besah ich gerne die bunten Abbildungen von Kuchen und Pudding. Das war mein „Ersatzbilderbuch".

Die Einschulung

Wie heißt es doch nach Wilhelm Busch: „Ein jeder etwas lernen muss." Im April 1930 wurde ich ein Schulkind. Damals war der Beginn des Schuljahres zur Osterzeit. Mit Mama ging ich erwartungsvoll zur Aufnahmefeier. Ein herzliches Willkommen wurde uns Neuankömmlingen bereitet. Wir erfuhren, welchem Lehrer wir zugeteilt worden waren. Drei Klassen umfasste unser Jahrgang. Es gab eine für Mädchen, eine für Buben und notgedrungen eine gemischte. Ansonsten wurden die Geschlechter getrennt. Auch die Seiten des Gebäudes wurden dementsprechend belegt. Ich wurde der Klasse mit Buben und Mädchen zugeteilt. Nun wussten wir auch, welches Zimmer das unsere war und für den nächsten Tag gleich, wohin wir gehen sollten.

Noch fehlte die übliche Schultüte, die hatte man sich doch so ersehnt. Erst beim Verlassen des Gebäudes bekamen wir sie. Was darin war? Ein Hase aus Pappmaschee schaute oben heraus. Es war ja Osterzeit. Sein Kopf war abnehmbar. In seinem hohlen Bauch kullerten ein paar kleine Zuckereier. Ansonsten war die Tüte mit Erdnüssen versehen, das gab ihr die Fülle. Was noch an Raum blieb, füllte Holzwolle aus.

Eine Erinnerung dieses bedeutsamen Tages sollte bleiben: Der Onkel kam mit seinem Fotoapparat. Auf einem Stativ wurde dieser befestigt. Ein schwarzes Tuch legte er darüber. Mit seinem Kopf verschwand er darunter. Mich nahm er ins

Visier und es machte „klick". Schon war ich auf der eingelegten Platte. Noch sah man nichts, sie musste erst entwickelt werden. Auf die Auswahl des Hintergrunds legte man keine Sorgfalt. Der Treppenaufgang zum Haus hätte es nicht unbedingt sein müssen.

Ostern

Geschenke zum Osterfest gab es nicht. Die Mama kochte uns je zwei Eier. Die einen wurden mit Zwiebelschalen gekocht und sahen dann gelblich oder bräunlich aus. Die anderen bekamen ein Blaukrautblatt mit ins Kochwasser und nahmen dessen Farbe an. Am Ostersonntagmorgen wurden sie versteckt und wir machten uns mit Eifer auf die Suche. Welche Freude, wenn wir sie gefunden hatten! Wie ein Schatz wurden sie den ganzen Tag gehalten. Am Abend wurden sie zum Butterbrot oder war es doch nur mit Margarine beschmiert, verzehrt.

Der erste Schultag

Noch einmal brachte Mama mich zur Schule hin, wollte wissen, ob ich auch wirklich hinfände. Bekanntlich war mein Schulweg der weiteste. Bis ins Klassenzimmer führte sie mich. Nun saß ich auf dem Platz vom Vortag. Der Lehrer sortierte seine Schützlinge, die großen nach hinten – die kleinen vor. Derweil schaute ich mich in der mir so fremden Runde um. Kein einziges Kind war mir bekannt. Ach, wie verloren kam ich mir vor! Sofort stand mein Entschluss fest, hier würde ich nicht bleiben! Wie günstig, direkt an der Tür saß ich. Den Ranzen genommen und draußen war ich. Ob es bemerkt worden war? Nun aber der Mama nach. Ein beachtliches Stück des Weges war sie schon davon. Ich rannte schneller, immer schneller ihr nach. Laut rief ich, noch lauter. Sie glaubte nicht, mich zu hören und zu sehen. Ganz erschrocken war sie. Mein Bitten und Flehen nicht zur Schule gehen zu müssen half nicht. Sie brachte mich wieder zurück. Nein, vermisst worden war ich nicht. Der von mir gewählte Platz vom Tag zuvor hatte mich wieder. Ob ich fortan unter Beobachtung stehen würde? Bald hatte ich mich eingewöhnt und ging gerne zur Schule.

Stolz war ich auf meinen Ranzen und seinen Inhalt. Da war die Schiefertafel, auf der die ersten Buchstaben und Rechenkünste geübt wurden. Das Holzkästchen hatte die Schreibutensilien zum Inhalt. Vorerst reichte der Schiefergriffel. Nach und nach folgten Bleistift, Federhalter und was sonst noch gebraucht wurde. Das Döschen mit dem feuchten Schwamm war wichtig. Geschriebenes wischte man damit wieder von der Tafel ab, um für erneute Übungen Platz zu haben. Der kleine Frotteelappen der aus dem Ranzen lustig baumelte, machte die Tafel wieder trocken. Er verriet damit auch gleich die Schulanfänger.

Nur männliche Lehrkräfte unterrichteten uns während meiner Schulzeit. Sittsam und gehorsam ging es zu. Ordnung herrschte. Mit der Schürze wurden wir Mädchen noch zur Schule geschickt. Das Kleid sollte geschont werden. Später ließ es die Eitelkeit nicht mehr zu und wir wehrten uns dagegen mit der Schürze gehen zu müssen.

Nur eine einzige Lehrerin gehörte zum Lehrkollegium. Den Umgang mit Nadel und Faden brachte sie uns bei. Mit Kreuzstichen fingen die Kunstwerke an. Häkelübungen für einen Topflappen folgten. Für einen Waschlappen haben wir mit zwei Stricknadeln geübt. Mehr Geschick forderte das Hantieren mit derer fünf. Oft rutschte eine der Nadeln davon, manche Masche hat sich so selbstständig gemacht. Die Lehrerin half ihr wieder auf die Reihe. Stolz waren wir dann doch auf die wollenen, selbst gestrickten Söckchen. Das Können mit der Nähmaschine wurde uns ebenfalls beigebracht. Gleich mit etwas Praktischem ging es ans Werk. Ein Unterhemd aus Wäschestoff war das Resultat. Unvorstellbar, wie man damals so etwas getragen hat.

Für Buben gab es den Werkunterricht. Wichtig war, dass sie mit Werkzeug umgehen konnten. Wohl führte ihre Zukunft mehr oder weniger zu Handwerksberufen.

Statt zur Turnhalle ging es im Sommer oft ins Freibad. Ein weiter Weg war es dorthin. Eine freudige Angelegenheit war es weniger. Recht kalt war das Wasser. Selbst an heißen Tagen vermochte die Sonne es kaum zu erwärmen. Schlotternd vor Kälte entfloh man oft vorzeitig dem kalten Nass. Der Erfolg, das Schwimmen zu erlernen, blieb aus. Hallenbäder waren uns nicht bekannt.

Wintersport

Der Winter brachte uns stattdessen auf die Piste, wofür der Schulhof Ersatz bot. Seine ausgedehnte Länge eignete sich gut. Langlauf wurde dort geübt. Es ging hin und her mit den Skiern. Die Wendungen verlangten Geschicklichkeit. Oft landete man im Schnee, den es reichlich gab. Die Schulverwaltung hatte genügend Skier für alle in einem von außen zugänglichen Raum bereitgestellt. Wer besaß schon eigene?

Theater

Die Schulleitung plante eine Aufführung. Von den oberen Jahrgängen sollten möglichst aus jeder Klasse Schüler dabei sein. Es wurde auch in unserer die Frage gestellt, wer sich beteiligen wollte. Die Arme schnellten hoch, wohl alle. Woher kam mein Mut das auch zu tun? Gehörte ich nicht zu den Schüchternen, den Zurückhaltenden? Sollte man es glauben? Einzig und allein fiel die Wahl auf mich. Wie erschrocken ich war. Wollte ich es überhaupt? Ein Zurück gab es nicht mehr. Fleißig lernte ich die mir zugeteilte Rolle und wurde öfter zu den Proben aus dem Unterricht geholt. Nun hatte ich sogar meine Freude daran. Der mir zugedachte Part ist mir noch immer im Gedächtnis geblieben nach all den vielen Jahren. Ein voller Erfolg wurde die Aufführung. Nicht nur unsere Schule durfte sie sehen. Auch auf öffentlicher Bühne standen wir mehrere Male.

Die Entscheidung

Damals wie heute verlangte das vierte Schuljahr eine Entscheidung. Gedanken, auf das Gymnasium zu gehen, kamen gar nicht auf. Diese Entscheidung nahm mir das Vermögen meiner Eltern ab. Schulgeld musste gezahlt werden. Zeugnisse waren nicht wichtig.

Gute Schüler konnten in der bisherigen Schule bleiben. Für sie wurde eine besondere Klasse eingerichtet, die einen anspruchsvolleren Lehrplan hatte. Das war wohl der Status der heutigen Realschule. Auf Empfehlung meines Lehrers sollte ich mich hierfür melden. Leider fand ich bei meinen Eltern kein Verständnis. Ihre Meinung war, ein Mädchen brauche das nicht, es werde heiraten. So sah man es noch in den 1930er Jahren. Viel später erst habe ich begriffen, dass gleich nach Beendigung der Schulpflicht der Familie Verdienst hergebracht werden sollte. Dem Bruder wurden Vorteile eingeräumt, die leider der Krieg verzögerte, da er mit 16 zu den Waffen musste. Später erst konnte er studieren.

Schulferien

Damals wie heute sind wohl die Ferien das schönste an der Schulzeit. War der letzte Schultag da, wurde er als Wandertag genutzt. Im Rucksack den Proviant ging es durch Wald und Flur. Man konnte sich mal richtig austoben. Ausflüge mit Bus oder Bahn sonst wohin gab es damals nicht.

Standen die Winterferien bevor, las uns der Lehrer am letzten Tag meist eine Geschichte vor. Dann war für einige Zeit die Freiheit da. Auch die Bücher im Ranzen hatten ihre Ruhe. An Urlaubsreisen dachte keiner. Langeweile kannten wir trotzdem nicht. Ideen gab es immer. Das Spielen mit den Puppen hatte in einem gewissen Alter noch den Vorzug. Sie mussten auch mal etwas Neues genäht bekommen. Mamas Restekarton bot dafür eine wahre Fundgrube. Die tollsten Modelle erdachten wir uns. Bald kamen auch die Cousinen der Freundin aus Zerbst. Bei Oma und Tanten durften sie ihre Ferien verbringen. Die drei Mädels brachten immer Umtrieb in unsere Ferientage.

Lange Ferien nehmen auch mal ein Ende, dann ruft wieder die Pflicht. Sommers mahnte die Schulglocke um 7 Uhr zum Beginn des Unterrichts. Im Winter ließ sie uns bis 8 Uhr Zeit. Umstellung der Uhr auf die entsprechende Jahreszeit gab es nicht.

Körperpflege

Ein Badezimmer war uns noch unbekannt. Mit bescheidenen Möglichkeiten mussten wir zurechtkommen. Ein dreibeiniges Metallgestell stand für die tägliche Körperpflege zur Verfügung. Zuoberst befand sich die Schüssel für das Wasser. Im Behälter darunter befand sich die Seife. Gleich neben Wasserhahn und Ausguss war er platziert. Nur kaltes, fließendes Wasser gab es. Im eingelassenen Behälter des Herdes, Ofentopf genannt, konnte warmes Wasser dazugeschöpft werden.

Standen auf dem Herd alle verfügbaren großen Töpfe mit Wasser gefüllt, dann wussten wir: Es war Badetag! Das war immer der Samstag. Die große Zinkbadewanne wurde aus dem Keller geholt. Wie schön, ganz ausstrecken konnte man sich darin. Die Badefolge hatte ihre geregelte Ordnung. Erst durfte mein Bruder als kleinster ins Wasser steigen. Eine gewisse Zeit mit seinen Schwimmtieren war ihm vergönnt. Als nächste war ich an der Reihe. Eine Verweildauer durfte auch ich in Anspruch nehmen. Nach mir ruhte erst einmal der „See". Waren wir im Bett und schliefen dem Sonntag entgegen, dann gönnten sich die Eltern das Badevergnügen. Am Sonntagmorgen lag die frische Wäsche bereit. Diese gab es nur einmal in der Woche. Anders kannten wir es nicht.

Die Wäschepflege

Waschfest wurde es genannt: die große Wäsche. Ein Vergnügen war es auf keinen Fall. Wie musste sich die Hausfrau plagen. Reihum stand jeder Familie des Hauses eine ganze Woche die Nutzung der Waschküche zur Verfügung. Das Einweichen der Wäsche begann tags zuvor. Mit Gummischürze, Kopftuch und Holzpantoffeln ging es ans Werk der sehr nassen Angelegenheit. Die Wäsche wurde eingeseift, auf dem Waschbrett gerubbelt und im schon vorgeheizten Kessel gekocht. Nach einigen Klarspülgängen presste die Wringmaschine das meiste Wasser dann heraus. An der Leine trieb oft der Wind sein Spiel mit den Wäschestücken und die Sonne tat das Ihre. Bei Regenwetter oder im Winter musste der Trockenboden seinen Dienst tun.

Strahlend weiße Wäsche war der Stolz jeder Hausfrau. Wie gut tat im Sommer die Rasenbleiche. Was für eine Freude war es für uns, wenn es zur großen Wiese am Bach zum Bleichen ging. Mit dem Zuber voller Wäsche im Handwagen fuhr man hin. Fröhlich hüpften wir Kinder nebenher. Schnell sprangen wir auch mal hinten auf und ließen uns ein Stück mitfahren. War ein günstiger Platz gefunden, legten wir Stück für Stück schön ausgebreitet auf den Rasen. Die von der Sonne schnell getrocknete Wäsche wurde mehrmals benetzt. Das Wasser wurde aus dem Bach geschöpft. Wir Kinder hatten derweil unseren Spaß, planschten und spritzten im Wasser herum.

Zu dieser Zeit floss noch klares, sauberes Wasser im Naturbett der Göltzsch. Später musste sie in betonierten Bahnen ihren Lauf nehmen. Eingeleitetes Fabrikwasser einer Gerberei setzte der Bleiche und unserem fröhlichen Treiben ein Ende. Ach, wie schade! Ein Ende aber hatte die Wäschepflege noch nicht. Manche Stücke bekamen noch ein Stärkebad. War auch das wieder trocken, wurde alles in Form gezogen, glatt gestrichen, gelegt und in den Wäschekorb gepackt. Es ging damit zur Wäschemangel bei vorbestellter Zeit. Auf ein langes, festes Mangeltuch wurde Stück für Stück ausgebreitet und recht fest um eine Holzrolle gewickelt. Unter den beschwerenden Kasten, dessen Inhalt Steine waren, wurde diese gelegt. Einst wurde er mit der Handkurbel in Bewegung versetzt und die untergelegte Rolle mit ihrem Inhalt gepresst. Später nahm elektrischer Antrieb die mechanische Tätigkeit auf. Glatte Wäschestücke waren das Resultat. Jetzt waren sie endlich bereit für den Schrank.

Das Bügeln

Aber nicht jedes Stück konnte unter die Mangel gelegt werden. Bevor es zum Gebrauch kam, musste das Bügeleisen noch das Seine tun. Was heißt Bügeleisen? Plätte wurde das schwere Ding damals genannt. Plätten tat man, wenn sich an diese Arbeit gemacht wurde. In ihrem Hohlraum steckte ein eiserner Kern. Im Herdfeuer wurde dieser fast bis zur Glut erhitzt. Mit dem Feuerhaken balancierte man ihn zurück. Hinten hatte die Plätte eine Klappe, die dafür geöffnet und geschlossen werden konnte. Wärmeeinstellung war nicht möglich. Selbsteinschätzung war die Regelung. Vorsicht war geboten, damit es keine Flecken gab.

Erleichterung brachte das Gasbügeleisen. Sein Inneres wurde mit der Gasflamme erhitzt und war leichter zu handhaben. Als elektrischer Strom in die Haushalte kam, ließen elektrische Bügeleisen nicht lange auf sich warten. Manche Unbill nahm dies der Büglerin ab. Es brauchte seine Zeit, bis jedes Haus mit Elektrizität ausgestattet war. Gut erinnere ich mich, dass bei meinen Großeltern Gaslicht den Raum erhellte. Was heißt erhellen? Trübes Licht gab die Lampe mitten im Raum von sich. Mit einem Auf- oder Zu-Kettchen wurde das Licht an- und ausgemacht. War ein Gang durch das Treppenhaus nötig, tat die Petroleumlampe ihren Dienst oder die Kerze gab ihren dürftigen Schein. Mit der Bezahlung des Verbrauchs an Energie war es eine wohlbedachte Sache. In den

Wohnungen waren Zählapparate angebracht, die mit besonderen Münzen für Gas oder Strom den Verbrauch regelten. Eine jede gab für die ihr vorgegebenen Zeit Energie ab. War deren Wert aufgebraucht, saß man plötzlich im Dunkeln oder der Gaskocher versagte seinen Dienst. Mit einem Vorrat an Münzen war man folglich gut beraten. Gleich beim Krämer konnten die Münzen gekauft werden. 22 Pfennige kostete wohl das Stück, wenn ich mich recht erinnere. War das nicht eine gute Idee? Rechnungen konnten nicht unbedacht ins Unermessliche steigen.

Wegbeleuchtung

Auch Gaslichtlaternen beleuchteten Weg und Steg. Fing es an zu dämmern, begann der Laternenmann seine Runde. Straße für Straße lief er ab. Mit dem Häkchen an seiner langen Stange brachte er jede Laterne zum Leuchten. Er ging von einer zur anderen, bis alle seines Reviers brannten. Ein heimeliges Licht strahlten sie aus.

Waren wir noch draußen und unsere Laterne brannte, war es für uns das Zeichen, dass wir nach Hause mussten.

Wollte die morgendliche Dämmerung den neuen Tag beginnen, war es an der Zeit, dass sich der Laternenmann wieder auf den Weg machte, von einer Laterne zur anderen lief und das Licht löschte. Das war Tag für Tag seine Tätigkeit.

Das Spielen

Bescheiden sah es aus, was wir an Spielzeug hatten. Die Puppen waren den Mädchen das wichtigste. Die Buben waren umtriebiger. Fußballspiele waren nicht so aktuell wie heutzutage, so war das Nacheifern auch nicht gegeben. Es genügten ihnen die Sammelbilder des Sports. Die Interessen aufleben ließ die Olympiade 1936. Das Spiel „Räuber und Gendarm" war bei ihnen beliebt. Da wollte jeder seine Intelligenz zeigen.

Die schönen bunten Gummibälle waren uns Mädchen zugedacht. Hin-und-Her-Werfen war aber langweilig. In Geschicklichkeit übten wir uns. Das Werfen an die Wand, eine schnelle Umdrehung vor dem Abfangen, das musste schon sein. Jonglieren mit zwei oder gar drei kleineren Bällen verlangte noch mehr Geschicklichkeit. Hüpfen mit dem Springseil brachte uns Bewegung. Wer beim „Himmel und Hölle" auf einen aufgezeichneten Strich eines Kästchens kam, schied aus. Radfahren durfte ich auch lernen. Die Freundin konnte ein Jugendfahrrad ihr Eigen nennen. Mit diesem durfte ich auf der Straße hin- und herfahren. Selbst besessen habe ich nie eines.

Im Winter gab es andere Tätigkeiten. Fiel der erste Schnee, durfte der Schlitten seine Ruhezeit beenden. Seine ersten rostigen Spuren verrieten, dass er lange außer Betrieb gewesen war. Aber bald waren die metallbeschlagenen Kufen wieder blitzblank. Jeder abfallende Hang war dann voller Leben. Balance übte ich auf Schlittschuhen. Ja, ich besaß ein Paar. Wie viele Besitzer dieses Paar schon vor mir ihr Eigen genannt hatten, blieb mir aber unbekannt. An normalen Winterschuhen wurden sie mit einem Vierkantschlüssel befestigt. Des häufigen Gebrauchs wegen hatten wir ihn gleich um den Hals hängen. Zwei Metallbacken gaben am Vorderschuh Halt. Spitze Krallen suchten am Absatz Festigkeit. Oh Schreck, wie oft rissen diese den Absatz ab. Es war nicht zur Freude der Eltern. Dem Schuster aber brachten sie Arbeit. Eine Eisfläche zum Tummeln hatten wir nicht. Für das Hin- und Herfahren musste festgetretener Schnee genügen.

Der Schneemann gehörte natürlich als Wächter in den Garten. Mit Kohlestücken zeigte er uns seine Zähne und Augen. Die lange rote Nase war eine Möhre. Ein alter Hut für den Kopf fand sich immer. Zur vollkommenen Ausstattung bekam er noch einen Besen zugesteckt.

Der Einkauf

Sehr viele Geschäfte waren ganz in der Nähe. Fast an jedem Eckhaus befand sich ein Laden. Wie viele Bäcker und Metzger mögen es wohl gewesen sein? Krämerläden konkurrierten ebenso miteinander. Wohl hatten alle der so genannten Tante-Emma-Läden ihr Auskommen. Ja, da war der Kunde noch wer, trotz kleinen Einkaufs. Ein Schwätzchen gab es meist gratis dazu. Fast alles, was so im Haushalt gebraucht wurde, war vorrätig: von Kerzen bis hin zu Schnürsenkeln. Abgepackte Ware gab es nicht, außer Seifenpulver und Ähnlichem. Lose Lebensmittel wurden in Tüten gefüllt und erst auf die Waage gelegt, ehe sie über den Ladentisch gereicht wurden. Sauerkraut, Heringe und eingelegte Gurken wurden aus einem großen Fass entnommen. Gut beraten war man, dafür ein Gefäß dabei zu haben. Auf einem Zettel wurde der Preis notiert und zusammengerechnet. Kopfrechnen war damals noch gefragt. Im Sommer war der Einkauf von Lebensmitteln, die baldigen Verzehr verlangten, fast täglich nötig, da es noch keine Kühlschränke zur Aufbewahrung gab. Nur der kühle Keller bot sich an heißen Tagen für kurzfristige Aufbewahrung an. Ein häufiges Treppauf, Treppab zu den Mahlzeiten war unerlässlich.

Suche nach dem eigenen Ich

Irgendwann kommen einem doch mal die Fragen: Wer bin ich eigentlich? Woher komme ich? Warum bin ich hier? Habe ich eine Aufgabe zu erfüllen? Warum gehöre ich gerade zu dieser Familie, habe diese Eltern und diesen Bruder? Nein, ein Grund zur Klage war es nicht, ich fand mich da gut aufgehoben. Es war die Sinnsuche des Lebens. Ich selbst konnte keine Antwort finden. Erst die kommenden Jahre ließen mich erahnen, was meine Lebensaufgabe sein sollte.

Längst war uns die Mär vom Klapperstorch unglaubwürdig geworden. Unter uns Mitschülerinnen kreiste das Getuschel über die Wirklichkeit. So sah unsere Aufklärung aus.

Andere Interessen

Die Zeit mit den Puppen, die sich doch viele Jahre hingezogen hatte, gehörte allmählich der Vergangenheit an. Kleine Kinder zu versorgen gewann jetzt unser Interesse. Zu dieser Zeit ergab es sich, dass zwei von Mamas Schwestern Nachwuchs bekamen: die eine ein Mädchen, die andere einen Buben. Ich war in dem Alter, in dem man mir die Kinder anvertrauen konnte. So fuhr ich mal die kleine Cousine Ruth, mal den kleinen Cousin Günther aus. Es war mir eine Freude.

Eines Tages, als ich zum Bäcker geschickt wurde, fragte mich die Bäckersfrau, ob ich nicht an Nachmittagen den kleinen Sohn betreuen könnte. Natürlich konnte und wollte ich. So fuhr ich den kleinen circa eineinhalb Jahre alten Buben des Nachmittags spazieren. Für jede Betreuung bekam ich 50 Pfennig. Gerne hätte ich diese in meine Sparbüchse gesteckt. Sie mussten aber Mamas Haushaltskasse bereichern. Ich begriff schon, dass sie dringend gebraucht wurden.

Die Nähhilfe

Mit der Familie im Nachbarhaus waren wir freundschaftlich verbunden. Wir wohnten Wand an Wand. Gab es etwas zu besprechen, leitete das Klopfzeichen mit einem Gegenstand an die Wand das Gespräch von Fenster zu Fenster ein. Diese Nachbarin war eine Schneiderin. Vor Feiertagen hatte sie besonders viel zu tun. Die eigene Tochter musste für die Betreuung der kleinen Schwester sorgen. So kam eines Tages die Anfrage, ob ich bei der Näharbeit nicht ein wenig helfen könnte. An die 12 Jahre könnte ich da gewesen sein. Öfter saß ich nun mit Nadel und Faden an so manchem Nachmittag bei der Näharbeit und stichelte an den Nähten entlang. Dies musste noch in Handarbeit getan werden. Es gab noch keine Nähmaschinen, die Schnittkanten versäubern konnten. Wie freute ich mich, eine Dame mit dem Kleid, an dem ich mitgeholfen hatte, zu sehen. Das blieb aber mein Geheimnis. Auch ich konnte mich bald in einem neuen Kleid sehen lassen. Aus Wollmusseline war es gemacht. Das war die Anerkennung für meine Mithilfe. Wie habe ich mich darüber gefreut! An Mamas Nähmaschine versuchte ich mich mit der Schneiderkunst. Zwei Kinderkleidchen waren mein Werk. Ob diese je gepasst hätten, ließ sich nicht probieren. Ein gewünschtes Schwesterchen bekam ich leider nicht.

Die Arbeitslosigkeit

Von 1920 bis weit in die dreißiger Jahre war die Arbeitslosigkeit groß. Fast neun Jahre ohne Erwerbstätigkeit ließen sich bei meinem Vater zusammenrechnen - abgesehen von kurzen Gelegenheitsarbeiten, die sich ihm manchmal boten. Bei einer Unterhaltung meiner Eltern hörte ich die Äußerung meiner Mutter, dass sie mit 13,50 Mark Arbeitslosengeld für vier Personen pro Woche auskommen müsse. Meine Ohren sollten das aber gewiss nicht hören. Die Armut sollte uns nicht bewusst sein. Es fiel auch nicht auf, denn rundum ging es fast allen gleich. Die Zeiten waren hart. Begehrlichkeit kannten wir nicht.

Ein Zuverdienst von Mama musste heimlich geschehen. Es hätte sonst von dem wenigen Zugestandenen noch Abzug gegeben. Was sich als Tätigkeit bot, war ab und zu Putzarbeit oder das Waschen der Wäsche bei reichen Leuten. Auch Ausbessern von Webfehlern in gewirktem Gardinenstoff gab es als Heimarbeit, ein mühseliges Geschäft war es.

Meist erledigte Mama gemeinsam mit ihrer Mutter das Waschen der Wäsche bei anderen Leuten. Sie wurde in ihren fünfziger Jahren schon Witwe. Das jüngste ihrer zehn Kinder war erst neun Jahre alt, als mein Großvater starb.

Für die Samstagnachmittage hatte die Großmutter das Reinigen eines Büros übernommen. Der Vormittag gehörte noch zur 48-Stunden Arbeitswoche. Meine etwas ältere Cousine und ich begleiteten sie öfters. Wir wollten ihr etwas zur Hand gehen, damit sie eher fertig werden würde. Natürlich trieb uns zwei auch die Neugier mit. Wir wollten sehen, wie es in einem Büro aussah.

Waldarbeit

Mein Vater rodete im Sommer Wurzelstöcke von gefällten Bäumen für den Eigenbedarf. Die Genehmigung des Oberförsters war hierzu nötig. So bekam man eine gewisse Parzelle zugewiesen. Ob ein Obolus verlangt wurde, ist mir nicht bekannt. Mit dem nötigen Werkzeug im Handwagen zog er morgens los. Hart war das Wurzelfreilegen. Zur Mittagszeit brachte ihm Mama ein warmes Essen. Denn harte Arbeit und frische Luft machen bekanntlich hungrig. Was für eine Freude für uns, wenn wir mitdurften. Wir gingen derweil in den Wald auf Entdeckungstour. Am späteren Nachmittag ging es mit schwer beladenem Handwagen heimwärts. Das war so ein Problem. Der Weg führte erst ein großes Stück abwärts. Zuhause wurde im Garten gesägt, gehackt und im Keller oder Stall wurden die Holzscheite aufgeschichtet. Der Holzvorrat für den Winter war gesichert. Nur der Kohlehändler musste noch das nötige Heizmaterial liefern. Er kam mit seinem Pferdegespann und lud die Kohle einfach auf dem Gehweg ab. Der Kunde musste sie selbst in den Keller bringen. Danach sah man aus wie die Mohren.

Die Großeltern

Papas Eltern, wie auch die von Mama, wohnten in der gleichen Straße wie wir. Die Vorfahren von Papa waren gebürtige Falkensteiner. Die Großeltern konnten ein Haus mit fünf Wohneinheiten ihr Eigen nennen. Mich faszinierte der breite Treppenaufgang, der hinter zwei Schwingtüren zum Wohnbereich führte. Bewundernswert war Großmutters zweistöckiger Ofen, der zum Heizen, Kochen und im oberen Teil noch zum Wassererwärmen genutzt wurde. Lange noch war Gaslicht die Beleuchtung, so wie es im achzehnten Jahrhundert gewesen war. Erstaunlich war, dass schon Balkons zum Haus gehörten, die zwischen den Stockwerken vom Treppenhaus zugänglich waren. Von dort hatte man einen guten Blick auf den Garten. Eine lange Reihe Johannisbeersträucher grenzte diesen vom Nachbargarten ab. Ein hoher Birnbaum ließ sich im Herbst von seiner Last befreien. Was die Natur nicht zur Reife brachte, durfte in Stroh gelegt noch zur Vollendung kommen. Mitten im Winter konnte man so noch ab und zu mit einer saftigen Birne überrascht werden.

Dieser Großvater ging gerne in den Wald. Sein Hund, der auf den Namen „Prinz" hörte, war sein ständiger Begleiter. Unzertrennlich waren der Großvater uns sein Rehpincher. Recht gute Kenntnisse hatte er von Pilzen. Manche Sammler nutzten sein Wissen ebenfalls.

Auch eine Katze gehörte zur Familie. Als sie Nachwuchs bekam, durfte ich eines von den süßen kleinen Kätzchen für mich aussuchen. Ganz behutsam trug ich es in meiner Schürze nach Hause. Ich ahnte nicht, dass meine Freude nur von kurzer Dauer sein würde. Tags darauf, als ich von der Schule kam, war es nicht mehr da. Nein, weggelaufen war es nicht. Die Mama hatte es einfach wieder zurück gebracht. Sie wollte keine Tiere in der Wohnung.

Das Leben der Großeltern nahm ein tragisches Ende. Der Krieg war längst vorüber. Die Nachwirkungen waren aber noch lange zu spüren. Es zeigte sich auf fast allen Gebieten Knappheit. Die Energieversorgung war nicht ausreichend. Es konnten Gas und Strom nur für Stunden zugeteilt werden. So geschah es, dass die Zeit um und das Kochgut noch nicht gar war. Sie ließen außer Acht, die Zündung abzustellen. Am folgenden Morgen strömte das Gas ungehindert in den Raum. Ehe es bemerkt wurde, konnte es schon seine tödliche Wirkung entfalten. Rettung war nicht mehr möglich. Die Großeltern starben fast gleichzeitig.

Die Eltern der Mama wohnten nur einen Katzensprung entfernt, wie man zu sagen pflegt. Unser Weg führte stets bei ihnen vorbei. Oft war man geneigt Einkehr zu halten. Es war fast unsere zweite Heimat. Man gehörte einfach dazu. Es fanden sich Wärme und Geborgenheit. Waren fast alle ihre Kinder aus dem Haus und hatten eigene

Familien, füllten wir Enkel die Leere wieder aus. „Mutter" und „Vater" sagten wir zu ihnen, wie wir angewiesen wurden. Der Großvater verstarb leider bereits mit 56 Jahren. Einige Nachkommen konnten ihn nicht mehr erleben. Ein treu sorgender Vater war er für die große Familie. Auch für die Öffentlichkeit tat er seine Dienste. Durch seinen Beruf stand er bei der Gewerkschaft Textil für die Arbeiter ein: Als Schöffe am Arbeitergericht verhalf er so manchem zu seinem Recht. Auch war er als Stadtverordneter tätig. Er vertrat die Interessen der SPD, was auch mit öffentlichem Auftreten verbunden war.

Vom Erzgebirge ins Vogtland

Im Jahr 1909 zogen meine Großeltern mütterlicherseits von Chemnitz nach Falkenstein. Wie schon erwähnt des Berufs wegen. Im Gefolge hatten sie sieben Kinder. Noch drei weitere vervollständigten nach und nach die Familie.

Der Ortswechsel muss in einem bitterkalten Winter geschehen sein. Ihr erstes Domizil befand sich am Ortsrand. Ungewohnt mussten sie durch tiefen Schnee steigen.

Elf Jahre alt war meine Mutter bei diesem Umzug und die älteste unter den Geschwistern. Die meiste Pflicht wurde ihr abverlangt. Als die Familie noch in Chemnitz wohnte, durfte sie jedes Jahr in den großen Schulferien zu ihrer Großmutter nach Stollberg reisen. Der Vater übergab sie dem Schaffner mit der Bitte, sie am Zielbahnhof aussteigen zu lassen. Die Großmutter nahm sie dann dort in Empfang. Unbeschwerte Wochen durfte sie dort verbringen. Einige Cousinen waren ihre Gespielinnen. Mit einem neuen Kleid, das ihr die Großmutter bei jedem Aufenthalt nähte, fuhr sie wieder heim. Nach ihrem Gefallen durfte sie selbst den Stoff auswählen.

Familienausflüge

Die waldreiche Gegend des Vogtlands lockte an warmen sonnigen Sonntagen hinaus ins Grüne. Fast alle der Großfamilie waren dabei und auch die, die noch dazu gehören wollten, sprich Verlobte. Fast sah es aus, als wären wir ein Verein. Für uns Enkel war es wie ein Fest. Kein Weg war uns zu weit. Die Zielorte hießen Morgenröte, Rautenkranz, Schnarrtanne und andere. Der Proviant zur Stärkung wurde meist mitgenommen. Eine Limonade bekamen wir Kinder dazu. Die älteren Herrschaften gönnten sich gewiss ein Glas Bier. Auf dem Weg heimwärts dunkelte es oft schon. Irgendeiner stimmte dann ein Lied an und gleich fielen alle ein und es ging mit Gesang durch den Wald. Wanderkleidung gab es noch nicht. Es war ja Sonntag, da zog man sich gut an. Auch wenn es durch die Natur ging, der Hut bei der Dame durfte der Vollständigkeit wegen nicht fehlen. Eine Hutmacherin hatte schon ihre Beschäftigung.

Auch die Herren gingen nicht ohne Hut aus. Das gehörte einfach dazu. Zur Begrüßung wurde er etwas gehoben. Die Uhrkette an der Taschenuhr, die mit Sprungdeckel versehen war, baumelte aus so mancher Westentasche. Doch was wäre ein Herr ohne Spazierstock gewesen? Beim Gehen schwenkte man ihn vor und zurück und berührte dabei den Boden. Interessant war der Stock meines Vaters. Dieser besaß eine Hülle. Wurde diese abgezogen, kam ein Regenschirm zum Vorschein.

Wie praktisch. Bei einem überraschenden Regen-
guss war er gleich schützend zur Hand.

Mamas Jugendzeit

Es war das Jahr 1914. Der erste Weltkrieg hatte begonnen. Der Vater meiner Mutter, der auch in den Krieg musste, schickte die älteste Tochter nach Berlin. Meine Mutter war zu diesem Zeitpunkt 16 Jahre alt. Bei der Schwester ihres Vaters, deren Familie aus nur drei Personen bestand, fand sie Aufnahme. Ihre wenigen Sachen waren sorgfältig in einem Persilkarton verstaut. Damit ging sie auf die Reise. Welch eine Überraschung: Bei Onkel und Tante hatte sie ein Zimmer für sich allein. Das konnte ihr zu Hause nicht geboten werden. Bald fand sie Arbeit, wenn auch in einer Munitionsfabrik. Sie verdiente ihr eigenes Geld. War auch der Lebensstil durch den Krieg eingeschränkt, ihr gefiel es gut in Berlin.

Bald hatte sie einen Kreis netter Freundinnen gefunden. Abwechslung war genügend geboten. Die sonntäglichen Ausflüge führten an die Gewässer und Seen rund um Berlin. Dampferfahrten gehörten mit zu ihren besonderen Erlebnissen. Heimweh hatte sie nicht. Im Krankenhaus musste sie auch einmal einige Zeit verbringen. Auf eine abfahrende Straßenbahn wäre sie wohl besser nicht gesprungen. Ein gebrochenes Bein brachte ihr der Absturz ein. Im Krankenhaus war ein Besuch des Vaters, der auf Heimaturlaub ging, eine große Überraschung. Ach, wie gerne wäre sie für immer in Berlin geblieben! Nach Kriegsende jedoch holte sie der Vater wieder heim. Bald hatte die Enge der Familie sie wieder. Der Persilkarton gehörte längst der Vergangenheit an. Mit großem Reisegepäck kam sie ins Vogtland zurück. Vom großstädtischen Flair brachte sie einiges mit. Diese Erinnerungen sind ihr geblieben. Wie gerne erzählte sie uns bis ins hohe Alter von dieser Zeit.

Das heimatliche Milieu umgab sie nun wieder. Vorherige Freundschaften ließen sich wieder finden. Auch mein Vater suchte ihre Nähe. So kam es, beide im Alter von 22 Jahren, zur Verlobung. Silberhochzeit stand bei meinen Großeltern an. Die Verlobten konnten sich der Empfehlung, doch gleich mit zu heiraten, nicht entsagen. So ergab es sich, dass am 8. April gleich zwei Feste gefeiert wurden.

Das Schicksal kann ungewöhnliche Situationen erschaffen. Nach angemessener Zeit kam beim Silberpaar das zehnte Kind zur Welt. Die Großmutter war 46 Jahre alt. Das frisch vermählte Paar ließ sich hingegen Zeit mit ihrem Nachwuchs. Erst nach zweijähriger Ehe der Eltern wurde ich geboren.

Berufliche Neuorientierung

Die vielen Jahre der Arbeitslosigkeit ließen bei meinem Vater zögernd den Gedanken zu einer beruflichen Umschulung reifen. Dies war mit einem Wegzug aus der Heimat verbunden. Wir mussten uns mit der Gegebenheit des Ortswechsels abfinden. Alles, was einem lieb und wert war: die Verwandtschaft, die Freundschaft und das schöne Vogtland, mussten wir verlassen.

Am 1. August 1937 stand der Möbelwagen vor dem Haus. Alles war wohlverpackt und verschwand darin. Der Abschied von den lieben Verwandten war schwer. Der Zug brachte uns nach Leipzig. Vom Bahnhof waren es noch 25 Minuten mit der Straßenbahn bis Taucha. Wir waren da, der Möbelwagen auch. Ein großes neues Siedlungsgebiet nahm uns auf. Alle waren Neuzugezogene. Rundum hörten wir heimatliche Laute. Die Fremde wurde einem gleich etwas genommen. Wer aber hätte von den nun in großen Betrieben Arbeitenden gedacht, dass ihre Produkte für die Kriegsausrüstung bestimmt waren?

Eine Wohnung mit drei Räumen bezogen wir. Noch immer dominierte die Einfachheit. Ein Fortschritt aber wäre zu benennen. Die Toilette war in der Wohnung und mit Wasserspülung versehen. Und das Bad? Dieses befand sich in der Kellerebene. Es stand allen Bewohnern des Hauses zur Verfügung und dessen Nutzung bedurfte der Absprache. Diese war recht einvernehmlich und ließ keine Probleme aufkommen. Der Badeofen musste erst beheizt werden, damit dem großen kupfernen Wasserbehälter warmes Wasser entnommen werden konnte. Gleichzeitig bekam der Raum seine wohlige Wärme. Besonders im Winter wusste man das zu schätzen.

Bald hatten wir die Umgebung erkundet und wussten, wo die einzelnen Geschäfte zu finden waren. Supermärkte gab es noch nicht. Erst viele Jahre später drängten diese sich auf.

Wo war die Schule? Das war für uns von großer Wichtigkeit. Noch durften wir für einige Zeit die Ferien genießen. Aber auch diese Wochen gingen vorüber. Bald saß ich im Klassenzimmer und stellte fest, dass einige Neulinge dieses Los mit mir teilten. Unser Beisammensein bis zur Schulentlassung dauerte nur wenige Monate. Eine Freundin hatte ich bald gefunden. Deren Familie kam auch aus dem Vogtland. So war unsere Zuneigung schon von Natur aus gegeben. Später lockerte sich unsere Bindung durch große räumliche Trennung und eigene Familie. Im hohen Alter fanden wir wieder zusammen, wenn auch nur brieflich oder mit Telefonaten. Es ist eine Bereicherung, die wir zu schätzen wissen, denn es lichten sich rundum schon sehr die Freundschaften und der Bekanntenkreis.

Unsere Konfirmation

Der Tag der Konfirmation wurde durch die Osterwoche festgelegt. Immer war es der Palmsonntag unverrückbar vor dem Osterfest. In die Kirche zur Einsegnung ging man wie eh und je im schwarzen Kleid. Die Buben sah man da erstmalig in Anzug und langen Hosen. Auch sonst bekam man einiges neu an Kleidung. Die Feier selbst war von Bescheidenheit geprägt. Nur wir vier der Familie saßen am festlich gedeckten Kaffeetisch. Verwandte nahmen die Reise mit dem Zug nicht auf sich. Es könnte ein finanzielles Problem gewesen sein. Fahrten mit dem eigenen Auto gab es noch nicht.

Bei meiner Freundin zeigte sich der Tag der Konfirmation in gleicher Weise. Ein wunderschöner Frühlingstag war es. Die Wärme der Sonne lockte uns zwei zu einem Spaziergang hinaus. Natürlich wollten wir auch in unserem festlichen Kleid gesehen werden. Wichtig war uns dazu die neue Handtasche, die zu der Zeit unter den Arm geklemmt wurde. So sah der Tag unserer Konfirmation aus.

Der neue Lebensabschnitt

Wir waren gerade vierzehn Jahre alt, als wir aus der Schule entlassen wurden. Was nun? Meine Freundin durfte eine weitere Schule besuchen. Auf mich wartete die Arbeitswelt. Ich hätte doch so gerne Schneiderin werden wollen. Schöne Kleider zu machen, stellte ich mir vor. Zu dieser Zeit gehörte dies noch zur besseren Tätigkeit. Aber nein, ich durfte nicht. Fehlte eine Stelle zur Ausbildung oder sollte ich gleich Verdientes nach Hause bringen?

Ach, das „Süße" lag so nah. Kaum 150 Meter entfernt befand sich eine bekannte Bonbonfabrik. Mit noch einigen ehemaligen Mitschülerinnen zusammen wurde ich eingestellt. Im weißen Kittel, die Haare unterm Häubchen gehalten, saßen wir an Tischen verteilt mit bereits „eingeübten" Kolleginnen. Wir zogen Faltschachteln auf, zählten in eine jede zehn Bonbons und machten diese zu. Eine nach der anderen wurde gefüllt. Das taten wir den lieben langen Tag acht Stunden lang. Damit es nicht zum Einschlafen war, bot das Radio zeitweilig etwas Begleitmusik. Freitag war Zahltag. Zwölf Pfennige je Stunde waren der Lohn. Bis nach Hause gehörten die wenigen Märker mir. Die Mama nahm sie dann in Empfang. Mein Anteil schrumpfte auf 50 Pfennige pro Woche. Das nannte sich Taschengeld. Dafür hatte ich 48 Stunden gearbeitet! Was boten mir diese Pfennige? Sie reichten gerade für den billigsten Platz ganz vorne im Kino. Man wollte doch mitreden können, wenn die anderen über Filme sprachen.

Wie sah sonst die Freizeit aus? Mit ein oder zwei Freundinnen saß man beisammen. Mit dem Strickzeug wetteiferten wir. So ist mancher Pullover entstanden. Oder die Häkelnadel arbeitete sich von Masche zu Masche. Taschentücher wurden im Dutzend mit Häkelspitze versehen. In den heutigen Tagen fristen sie ihr Dasein im Schrank. Sie wurden von den softweichen, papierenen verdrängt. Manchmal erinnern sie an einstige Zeiten.

Blicken wir auf meine Arbeitswelt zurück. Nach einiger Zeit durfte ich meine Tätigkeit als „Zählmaschine" aufgeben. Ich kam in eine andere Abteilung, die Karamellen produzierte. Dort bedienten wir zu zweit eine Maschine und waren ein sehr nettes Team. Mit meiner Kollegin ergab sich eine nette vertrauensvolle Freundschaft. Diese wurde auch später nach der Heirat mit unseren Ehemännern weitergepflegt.

Das Gebotene des Chefs

Der Firmeninhaber bot einiges für die Belegschaft. Jedes Jahr war ein größerer Ausflug im
Programm. Mal war es eine Fahrt ins Blaue mit
Überraschungen. Ein anderes Mal erfreute uns
eine Fahrt mit dem Schiff auf einem großen See.
Ein Ausflug über zwei Tage war am beeindru-
ckendsten für mich. An der Straße vor dem Betrieb standen aufgereiht zehn Busse. Jeder wusste,
welchem er zugeteilt worden war. Nürnberg war
vorerst das Ziel. Nach einer ausführlichen Stadt-
rundfahrt fanden wir uns in einem großen Saal
zusammen. Wie bei jedem Ausflug fand dort ein
gemütliches Beisammensein statt. Die Übernach-
tung war gut organisiert. Private Unterkünfte waren inbegriffen. Wir Jugendlichen wurden für den
Abend jeweils einer erwachsenen Person in Obhut gegeben. Am folgenden Tag brachten uns die
Busse dann nach Bayreuth. Nichtsahnend ging es
ins Wagner Festspielhaus. Nie hätte ich gedacht,
jemals eine Oper geboten zu bekommen. Die
Oper „Tannenhäuser" stand auf dem Programm.
Schon der wunderbare Raum war staunenswert.
Für die meisten unserer Belegschaft könnte dies
ein einmaliges Erlebnis gewesen sein.

An der Nordsee

Auch ein Aufenthalt an der See wurde uns Jugendlichen von der Firma ermöglicht. Für 15 D-Mark durften wir uns drei Wochen lang am Strand von Duhnen tummeln. Den Aufpreis für diese Zeit übernahm der Chef. Mit Begeisterung waren wir dabei. Als Nachtfahrt ging die Reise mit dem Zug von Leipzig los. Bald wusste man, wer von den mitfahrenden Mädchen zur Gruppe gehörte. Am Morgen war Lübeck erreicht. Die Neugier ließ keine Müdigkeit zu. Die Wartezeit zum Umsteigen nutzten wir für eine Rundumschau. Ein Erinnerungsfoto vom berühmten Holstentor musste unbedingt gemacht werden. Das schaffte auch meine Agfa-Kamera, die ich mir für die Reise zulegte. Ihr Preis waren 5 D-Mark. Der jeweilige Film zum Einspannen konnte acht Aufnahmen auf sein Zelluloid nehmen. Jeder Schnappschuss wurde mit Bedacht gewählt. Die Daheimgebliebenen sollten doch sehen, wo man gewesen war.

Für unseren Aufenthalt war die Jugendherberge unser Zuhause. Direkt am Strand stand sie. Das große, weite Wasser zu sehen, war für uns Binnenländer überwältigend. Vier Doppelstockbetten im Raum nahmen acht Mädchen auf. Alle Jugendlichen trafen sich zum Essen im Speiseraum. Nach dem Frühstück liefen wir gleich an den Strand. Erst wurde eine Sandburg gebaut, um unser Revier kenntlich zu machen. Über Gezeiten staunten wir. Bei Ebbe lockte es uns hinaus auf das Watt. Kundige Führung war dabei. Meist marschierten wir mit Musikbegleitung.

Eine Fahrt nach Helgoland war inbegriffen in unserem Aufenthalt. Von Cuxhaven aus ging es zur Insel. Die See war spiegelglatt. Es war erlebnisreich und der Höhepunkt dieser Tage. Wunderschöne Wochen gehen meist viel zu schnell vorbei. So ging es bald wieder heimwärts. Im Reisegepäck befanden sich gesammelte Muscheln und ein Tütchen Sand vom Strand als Erinnerung. Was blieb, waren Freundschaften mit Mädchen. Sogar ein Briefwechsel mit einem Jungen aus Hannover hielt sich für kurze Zeit.

Kriegsbeginn

Wer hätte wohl geahnt, dass wenige Wochen nach der schönen Zeit im Juli 1939 an der See am 1. September ein Krieg beginnen würde? Wer hätte gedacht, dass uns so schreckliche Jahre bevorstehen würden? Einschränkungen machten sich bemerkbar. Noch waren die Tage für uns unbeschwert. Man lachte und kicherte, wie es wohl der Jugend so zusteht.

Ein wunderschönes Operettentheater hatte Leipzig. Reichlich nutzten wir die Gelegenheiten, um dort hinzugehen. Ach, wie viele Operetten schauten wir an. Eines Tages fiel es dann den Bomben zum Opfer. Wo sind sie geblieben diese klassischen Operetten, wie „Der Vogelhändler" mit seiner Christel von der Post, „Der Zigeunerbaron", „Die lustige Witwe", „Land des Lächelns", „Der Vetter aus Dingsda" und so manche andere? Wie haben sie uns beseelt. Sind sie in Vergessenheit geraten?

Die Firma hat für uns Jugendliche auch in der Kriegszeit einiges geboten. Zur Unterhaltung war eine Leiterin eingestellt worden. Einmal in der Woche nach Feierabend kam sie mit ihrem Akkordeon. Wir sangen gemeinsam, übten Volkstänze ein und bastelten. Eines Tages las sie uns eine Postkarte vor, die an die Firma adressiert war. Der Text lautete: „Sieben blaue Jungs wünschen mit den Mädchen einen Briefwechsel". Gleich fanden sich sechs bereit zu antworten. Nein, ich wollte nicht, obwohl sie meinten, es sei den Spaß wert. Bald hatten die Schreiberinnen Rückantwort. Nun kam bei mir Mitleid auf mit dem Siebenten, der nicht bedacht wurde. So griff ich doch noch zu Stift und Papier. Eine Begründung musste her wegen der späten Reaktion. Ich sei krank gewesen, gab ich an. Bald flatterte auch mir ein Brief ins Haus. Ein anderer Name stand darauf, als der, an den ich geschrieben hatte. Was hatte das zu bedeuten?

Ich las, dass der von mir Angeschriebene abkommandiert worden war, so nahm er sich meiner Zeilen an, damit ich nicht ohne Antwort blieb. Die Feldpostbriefe gingen nun hin und her. Was sollte man auch tun in dieser trostlosen Zeit?

Im Frühjahr 1940 begann dieser Briefverkehr. Bald erlahmte bei den anderen Mädchen das Interesse oder war es bei deren Briefpartnern? Warum blieb unsere Schreiberei so konstant? Hatte hier nichts ahnend unser Schicksal die Regie übernommen?

Der Sommer hatte seine warmen Tage hinter sich gelassen. Der Herbst drängte mit seiner Kühle ins Land. Es war wohl Ende September, da flatterte mir eine Postkarte ins Haus. Die Schrift verriet schon den Absender. Aus familiären Gründen sei er auf Kurzurlaub und wolle gerne bei mir mal vorbeischauen. Ach du Schreck! Schon für den nächsten Tag war die Ankunftszeit an unseren Vorortbahnhof angegeben. Was nun? Wollte ich das überhaupt? Das Gedankenkarussell kreiste.

Der nächste Tag war da. Bevor ich mich auf den Weg zum Bahnhof machte, gab mir meine Mutter ihre Bedenken mit auf den Weg. Vorsicht sei angebracht. Ich solle bedenken, ein Seemann könne in jedem Hafen eine Liebste haben.

Ich stand am Bahnsteig. Der Zug fuhr ein, nun hielt er. Es ließ sich nicht leugnen, die Aufregung hatte mich im Griff. Nur eine Person stieg aus, eine in Marineblau. Ohne Zweifel, das war er. Auch er hatte Gewissheit, denn ich war die einzig Wartende. Wir gingen uns entgegen, gaben uns zur Begrüßung die Hand. Wohl beide versuchten wir unsere Unsicherheit zu verbergen. Schüchternheit war unsere Begleitung bis nach Hause. Im Kreis der Familie lockerte sich die Situation. Man kam ins Gespräch. So erfuhren wir, dass ein Todesfall den Anlass zu diesen wenigen Tagen Sonderurlaub gegeben hatte. Die leibliche Mutter war schon sehr früh gestorben. Der noch jüngeren Geschwister wegen sah sich der Vater veranlasst eine zweite Ehe mit einer Witwe einzugehen. Das Schicksal ließ es nicht zu, dass sie von langer Dauer sein durfte. Nach zweijähriger Gemeinsamkeit spielte sich das Drama mit gleicher Krankheit wieder ab. Man war betroffen und mitfühlend für das Schicksal dieser Familie. Bis zu seinem Aufbruch an jenem Abend zog sich die Unterhaltung noch einige Zeit hin. Beim Abschied fragte er meine Eltern, ob er am folgenden Tag nochmals kommen dürfe. Er durfte. Es war der letzte Tag seines Sonderurlaubs. Ja, und meine Gefühle? Zukunftspläne oder gar eine Bindung sah ich mit meinen jungen Jahren von knapp 17 noch nicht darin. Unser Briefverkehr ging weiter. Wohl sahen wir beide es als nette Abwechslung und Zeitvertreib.

Noch härtere Zeiten

Der Glaube an eine kurze Kriegsdauer war uns längst genommen worden. Wir wollten ihn nicht. Immer jünger wurden die, die zu den Waffen geholt wurden. Schon von der Schule wurden die oberen Jahrgänge geholt, auch mein Bruder mit seinen 16 Jahren.

Entbehrungen lehrte uns das Leben zu meistern. Die Zuteilung der Lebensmittel wurde immer knapper. Die Kunst der Einteilung musste eingeübt werden.

Gesteuerter Nachtschlaf

Verdunklung war von Anfang an verordnet worden. Kein Lichtschimmer durfte durchs Fenster dringen. Straßenbeleuchtung gab es längst nicht mehr. Feindliche Flugzeuge sollten keine Orientierung haben. Trotzdem fanden sie ihre vorgegebenen Ziele und warfen genau dort ihre vernichtende Bombenlast ab. Wie oft hat uns der auf- und abschwellende Ton der Sirene aus dem Schlaf gerissen? Das hieß: raus aus dem warmen Bett, hastig ankleiden. Wichtige Dinge mussten griffbereit sein und ab in den Keller. Jeder hatte seine Gasmaske dabei. Man wusste doch nie, ob sie etwas genützt hätte. Würden wir überhaupt wieder ins Bett kriechen können? Wie erlösend war es, wenn der lang gezogene Heulton zu hören war.

Doch der Wecker ließ sich nicht von seiner morgendlichen Pflicht abbringen. Unerbittlich rasselte er zu seiner Zeit. Schule und Betriebe forderten das Erscheinen zur üblichen Zeit.

Dienstverpflichtungen

Die Herstellung unserer süßen Ware wurde immer geringer. Das Wort „Dienstverpflichtung" drängte sich in unsere Runde. War es nicht vorhersehbar? Die Rüstungsbetriebe verlangten nach uns. Der Flugzeugbau benötigte unsere Mitarbeit. So fanden wir uns eines Tages dort ein. In der Werkschule wurde erst unsere Schulbildung geprüft. Warum? Dann standen wir alle in der Lehrwerkstatt an der Werkbank und hatten einen Hammer in der Hand, um zu lernen, wie man Metall bearbeiten musste. Ab und zu ging ein „Ach"- und „Weh"-Gestöhne durch den Raum. Bald wussten wir auch, wie die Teile zusammengenietet werden mussten.

Was für ein Glück! Ein guter Bekannter erfuhr von meinem metallenen Schicksal und holte mich dort heraus. Nun saß ich im Büro. Mein Umgang waren jetzt Karteikarten und Stift. Unsere kleine Fünf-Personen-Abteilung hatte für die Bereitstellung aller Teile Sorge zu tragen, die zum Kabinenbau des Messerschmidt Flugzeugs benötigt wurden.

Fliegeralarm gab es jetzt auch tagsüber. Rüstungsbetriebe waren ihr Ziel, um ihre Bombenlast abzuwerfen. Immer öfter erschreckte uns der schaurige Heulton bei der Arbeit. Das hieß, so schnell wie möglich runter von dem Betriebsgelände, man könnte ja schließlich im Visier sein. Alle zur Verfügung stehenden Fahrzeuge wurden bestiegen. Sie brachten uns in Gottes freie Natur.

77

Als wir bei einem dieser Einsätze zurückkamen, standen wir in mitten von Trümmern. Die Bomber hatten ihren Auftrag, das Flugzeugwerk zu vernichten, ausgeführt. Nicht alles war zerstört, behelfsmäßig konnte weitergearbeitet werden. Unserer Räumlichkeiten jedoch waren dem Erdboden gleichgemacht worden. Was nun? Wir wurden zum Leipziger Rathaus geschickt, um irgendwo eingesetzt zu werden. An den Tag, als wir uns dort melden mussten, kann ich mich noch genau erinnern. Der 24. Februar war es, mein 20. Geburtstag. Markenrücklaufstelle nannte sich mein neues Arbeitsgebiet. Dessen Unterbringung war ein Schulgebäude. Die Geschäftsinhaber kamen mit den akkurat aufgeklebten Abschnitten von Lebensmittelkarten. Das hatten wir zu prüfen und stellten dementsprechend Bezugscheine für neue Ware aus. Diese Tätigkeit gefiel mir recht gut. Man hatte wechselndes Publikum und konnte auch mal ein paar außerdienstliche Worte wechseln. Bald forderte mein Chef mich wieder zurück. Wir fanden Unterkunft in der Werkschule und teilten uns mit anderen Abteilungen einen großen Raum.

Jugendjahre

Heißt es nicht, die Jugendzeit ist die schönste Zeit? Unsere war von Angst und Schrecken überrollt worden. Wo waren sie denn geblieben, die Schmetterlinge, die angeblich im Bauch sein sollten? Bei uns grummelte es nur vor Ungewissheit. Die Liebeleien steckten nur im Briefumschlag, auf Papier geschrieben. Ach, wie nüchtern war das! Vergnügen gab es nicht. Tanzstunden waren uns unbekannt. Männliche Partner wären sowieso nicht zur Verfügung gestanden. Sie wurden in den Krieg befohlen, sollten das Vaterland verteidigen.

Doch noch war zu Beginn des Krieges Tanzvergnügen erlaubt. Soldaten der nahegelegenen Kaserne wollten dem Sonntag etwas Glanz geben. Wer ahnte denn, wie die Zukunft aussehen würde?

Meine Freundin und ich durften auch mal die Nase in den Tanzsaal stecken. Mit unseren wohl gerade erst 15 Jahren hatten wir nur in Begleitung Zutritt. Diesen Schnupperkurs ermöglichten uns die Eltern der Freundin, in deren Obhut wir uns auch befanden. Wir durften die ersten Tanzschritte versuchen, die gewiss mehr schlecht als recht waren und nicht zur Freude des Partners, der uns aufgefordert hatte. Die Tanzfreude war für uns der Vorschrift nach beschränkt. Auch in elterlicher Begleitung war der Aufenthalt für uns nur bis 20 Uhr gestattet. Es war ein einmaliges Erlebnis.

Unser Briefwechsel

Die Monate schlichen so dahin. Noch immer gingen die Feldpostbriefe mit meinem Marineblauen hin und her. Das Schreiben hielt sich konstant, obwohl keiner am Anfang das eigentlich beabsichtigt hatte. Trieb das Schicksal mit uns sein Spiel? Man muss sich eingestehen, dass mit der Länge der Zeit die Post sehnsüchtig erwartet wurde. Nur alle 12 Monate gab es Heimaturlaub. Dieser bot uns mehrere Stunden des Zusammenseins und des näheren Kennenlernens. Die Distanz wurde eisern gewahrt. So waren drei Jahre ins Land gegangen. Es ergab sich nun, dass der Urlaub auch einmal auf meinen Geburtstag fiel. Es war mein Neunzehnter. Er hatte die goldenen Ringe in der Tasche und es wurde dieser Tag zur Verlobungsfeier. Das zeigte den Willen zum gemeinsamen Lebensweg.

Gewagte Reise

Warum gehen glückliche Tage so schnell vorüber? Es hat eben jeder Urlaub sein Ende. Rücksicht auf Liebende nimmt er nicht. Es war bekannt, dass die Flotte nach seiner Rückkehr noch einige Tage im Hafen liegen würde. Die Frage drängte sich auf, ob wir uns dort nicht noch einmal sehen könnten? Sollte ich wirklich diese Reise auf mich nehmen mit den gefürchteten Fliegeralarmen und Bombardierungen? Liebe kann Zweifel und Ängste überwinden.

Ich saß im Zug von Leipzig nach Berlin. Dort an jenem Nachmittag angekommen, musste ich den Weg vom Anhalter zum Stettiner Bahnhof finden. Von da ging die Reise weiter. Gotenhafen war mein Ziel. Heute nennt es sich Gedingen und gehört zu Polen. Der Zug ratterte und rüttelte durch die dunkle Nacht. Mitreisende dösten mehr schlafend als wachend auf ihren Plätzen vor sich hin. Mit Ungeduld zogen sich die Stunden hin. Im Morgengrauen kam der Zug seinem Ziel näher. Die Endstation war erreicht. Hastig stiegen die Fahrgäste aus und eilten davon. Bald stand nur ich noch am Bahnsteig. Immer wieder ging mein Blick suchend hin und her. Wo war er, der Geliebte? Was nun in dieser Fremde? Zum Hafen wäre es nicht weit, ließ man mich wissen. Also dorthin. Korrekt wie aufgereiht lagen die Mienensuchboote an der Pier. Ich lief die lange Reihe ab. Das gesuchte M19 war nicht dabei. Es läge im anderen Hafenbecken, erfuhr ich. Kalte feuchte

Meeresluft ließ mich frieren. Der Hunger verlangte nach etwas Essbarem. Zurück zum Bahnhof lenkte ich meine Schritte. Ich suchte Wärme. Wenige Gäste saßen im Wartesaal. In einer Ecke nahm ich Platz. Wie gut tat der warme Kaffee. Bald war auch der Magen wieder zufrieden. Ein Fräulein fiel mir auf, das auch so allein am Tisch saß. Sollte sie es sein? Ich wusste, ein Kamerad eben auch erst verlobt, hatte die Seine ebenfalls zu einem Kurzbesuch gebeten. Man könnte ja mal fragen, ob sie es wäre. Nur Mut und fragen. Ja, sie war es, wie ich es mir gedacht hatte. Nun hatten sich zwei Suchende vereint.

Waren heute denn alle marineblauen Jungs losgelassen? Unzählige bevölkerten Weg und Steg. Gegen Anmache musste sich schon gewehrt werden. Plötzlich am Arm ein packender Griff. Mir zorniger Geste und den Blick nach hinten gerichtet, wollte ich mich losreißen. Nein, ich tat es nicht, denn unser Suchspiel war beendet. Es wurde ein freudiges Wiedersehen.

Dem Gewimmel der Ausschwärmenden wollten wir entfliehen. Wir beschlossen mit dem Zug nach Zoppot zu fahren. Eine Bleibe für die Nacht brauchten wir. Bald war ein Hotel gefunden. Zwei Zimmer konnten wir buchen. Ein Hinweis ließ uns wissen, nur getrennt für männlich und weiblich. War die Sitte noch so streng oder hielt man uns für gewerbliche Damen? Getreu der Anweisung standen vor unseren Zimmern je zwei Paar Herrenschuhe oder die der Damen. Wie es drinnen aussah, wen ging das etwas an? Viel zu schnell war unser Wiedersehen des Wochenendes vorüber. Kurzweiliger war die Heimfahrt, denn wir waren zu zweit, die wir uns die Trennungsgefühle teilten.

Sommerurlaub

Immer gab es den Heimaturlaub zur Winterzeit, da er von der Werftliegezeit abhängig war. Wie schön, endlich gab es diesen auch einmal im Sommer. Ganz anders konnten wir ihn gestalten. Ein sonniger, warmer Tag lockte zur Radtour. Seine Großmutter auf dem Land wollten wir überraschen. Etwa eine Stunde des Weges hatten wir zu radeln. Ging es bergauf, mussten wir schieben, bergab lief das Rad von selbst. Eine beachtliche Strecke hatten wir hinter uns gebracht. Plötzlich drängte sich der warnende Heulton der Sirene in die Stille der Natur. Fliegeralarm! Was kümmerte uns das hier im freien Gelände? Da konnte uns doch nichts passieren. Dann erschreckte uns doch eine wilde Knallerei. Ein Blick nach oben, da waren sie schon, die feindlichen Flieger.

War es eine Flakabwehr oder waren es Bordwaffen? Schnell in Sicherheit – aber wohin? Was für ein Glück, gerade da verlief eine Röhre mit beachtlichem Durchmesser von einer Seite zur anderen unter der Landstraße. Da hinein krochen wir, um vor eventuellen Geschosssplittern geschützt zu sein. Nach der erlösenden Entwarnung kamen wir wieder hervor. Mutig fuhren wir unserem Ziel entgegen. In dem kleinen Dorf konnten Großmutter und Tanten überrascht werden.

Auch zu meiner Verwandtschaft reisten wir ins Vogtland. Besuche machten wir da und dort, denn an Angehörigen in großer Zahl fehlte es nicht.

Wunderschöne Waldspaziergänge waren inbegriffen. Es war schön, mal wieder die Heimat zu sehen. Die Erinnerungen an die Kindheit wurden lebendig. Trügt das Gefühl, dass die Tage des Sommerurlaubs noch schneller vorübergehen? Die Stunde des Abschieds war da. Noch ein Händedruck durchs geöffnete Zugfenster. Der Zug kam ins Rollen. Langes Winken beidseitig bis die Sicht endete. Wer ahnte schon, dass dieses Mal zwei auf dem Bahnsteig zurückblieben?

Noch Sommer 1944

Am Kalender zeigte sich der Monat August. Nur wenige Wochen waren seit dem Abschied vergangen. Die Erinnerungen würden wohl ein Jahr reichen müssen, bis wieder Urlaub anstehen würde. Endlos lang erschien mir das.

Was für eine große Überraschung. Ganz aus der üblichen Folge war mein Verlobter wieder da. Wieso das? Erholungsurlaub nannten sich die bewilligten Wochen. Was aber war geschehen? Die Flotte war zum Einsatz wieder hinaus auf hohe See gefahren. Bald waren sie von feindlichen Flugzeugen erspäht worden. Im Tiefflug griffen diese sofort an und ließen nicht viel übrig. Es reichte eine Hand, um die Überlebenden abzuzählen. Es blieb ihnen nur noch der Sprung ins Wasser, obwohl sie auch da noch unter Beschuss genommen wurden. Beim Dahintreiben und auf Rettung warten, schienen die Minuten zu Stunden zu werden. Die Schwimmweste hielt sie oben. Die Rettungsboote kamen und standen selbst unter bedrohlichem Einsatz. Mann für Mann fischten sie aus dem Wasser. Gewiss hatte ein besonders günstiger Schutzengel, den noch ahnungslosen werdenden Vater in seine Obhut genommen. Wir wussten diese Gnade zu schätzen. Wie gut, dass er jetzt bei mir sein konnte. Noch war es Zweifeln, eine Vermutung. War es freudiges Erahnen oder beklemmende Gewissheit? Gewiss, es war beides. Wir mussten genau wissen, was war. Wie gut in seiner Begleitung gehen zu können. Auf dem Weg zur Praxis ließ er mich wissen, dass ein „Nein" eine Enttäuschung wäre. Auf dem Weg zurück wussten wir, unsere Zukunft hatte nun die Bestimmung für drei. Meine Eltern, besonders meine Mama, sahen es bedenklicher in dieser ungewissen Zeit des Krieges. Wir, die jüngere Generation, schauten trotz aller Widerwärtigkeiten in dieser Zeit hoffnungsvoll in die Zukunft. Unsere Gedanken planten sich ihren eigenen Weg. Unser oberstes Gebot war es, so schnell wie möglich zu heiraten. Wieder zurück bei der Minensuchflotte beantragte er Heiratsurlaub. Im Voraus planen konnten wir einen bestimmten Tag der Trauung nicht. Wir mussten es auf uns zukommen lassen. Hingegen eröffnete sich für mich die Möglichkeit mich von der Verpflichtung des Rüstungsdienstes auf Grund des zu erwartenden Kindes befreien zu lassen. Diese Gelegenheit ließ ich mir nicht entgehen.

Die Babyausstattung

In aller Ruhe konnte ich mich auf das kommende Ereignis vorbereiten. Der Ausstattung für das Kind gehörte mein größtes Interesse. Für die Berechtigung zum Kauf des Benötigten musste die Bezugskarte beim Amt beantragt werden. Eine Beglaubigung des Arztes war dafür erforderlich. Im Besitz dieser konnte ich einkaufen gehen. So einfach war das aber nicht, es gab Einschränkungen. Es hing davon ab, was die Geschäfte zugeteilt bekamen. Das war sehr bescheiden. So lief man von einem zum anderen. Nur auf rosa Strampelanzüge ließ ich mich ein, im Glauben und Wunsch, es würde ein Mädchen werden. Zu dieser Zeit war es noch üblich, Neugeborene ihres Geschlechts nach einzukleiden. Im Gegensatz zu Mädchen wurden Buben hellblau angezogen.

Keine Apotheke ließ mich vorbeigehen, eine jede zog mich an. Ja, ich suchte sie sogar. Mullbinden waren mein Sammelobjekt. Je breiter ich sie bekam, umso erfreuter war ich. Noch im Normalzustand schnitt ich diese in circa 1 cm breite Röllchen. Papas Rasiermesser eignete sich bestens dazu. Das war der Ersatz für Strickgarn, weil es das nicht gab. Ausfuhrjäckchen und Mützchen entstanden daraus. Wie hübsch sah es aus mit der rosa Smokarbeit. Gleich nach der Geburt musste diese Farbe einem Hellblau weichen. Die Natur lässt sich nicht beeinflussen. Sie weiß schon, was richtig ist.

Die Hochzeit

Lange noch vor der Geburt konnten wir heiraten. Ohne Vorankündigung war er plötzlich da, der Bräutigam, beglaubigt mit zehn Tagen Heiratsurlaub. Nun erst konnten die Vorbereitungen angegangen werden. Was musste alles bedacht werden? Wenn kein großes, doch ein kleines Fest sollte es schon werden. Erst war das Aufgebot nötig, dem man in Kriegszeiten ein kurzfristiges gestattete. Mit diesem bekamen wir zusätzliche Lebensmittelkarten für insgesamt zwölf Gäste. Wir zwei erledigten die Wege außer Haus. Die Eltern bereiteten zuhause alles vor. Sie räumten ihr Schlafzimmer für die bescheidene Feier. Der Trockenboden nahm derweil alles auf, was für die kurze Zeit weg musste. Auch die Eltern fanden für die Nacht dort ihre Schlafgelegenheit.

Das Brautkleid stand noch unter Verschwiegenheit. Eine gute Bekannte lieh mir das Ihre, das sie kürzlich selbst getragen hatte. In diesen Zeiten waren solche Angebote in den Geschäften nicht zu finden. Für den Bräutigam ergab sich dieses Problem nicht. In seiner marineblauen Uniform sah er recht gut aus. Unser großer Tag war da. Es war der 4. November 1944. Die Nachbarin frisierte und kleidete mich an und steckte mir den Schleier. Nun stand ich da als Braut im weißen Plauener Spitzenkleid. Horch, was waren das für Töne, die sich da vernehmen ließen? Das Heulen der Sirene kündigte Fliegeralarm an. Das durfte doch nicht wahr sein! Wir wollten zur Trauung und nicht in den Luftschutzkeller. Zögernd warteten wir noch. Zuverlässig war er zu Stelle, unser unsichtbarer Schutzengel, und lenkte die feindlichen Flieger mit ihren Bomben in eine andere Richtung. Was für eine Erleichterung für uns. Es gab Entwarnung.

Die Hochzeitskutsche stand schon bereit. Die zwei Pferde konnten ihren Trab mit uns beginnen. Kalt war es an diesem Samstag. Die ersten Schneeflocken wirbelten schon durch die Luft. Einige setzten sich auf das Kleid und auf den Schleier.

Recht feierlich gestaltete der Standesbeamte die Trauung. Noch immer sind mir seine Worte im Gedächtnis: „Ihr Zwei sollt Eins sein, das bedeutet, dass jeder sein Leben zur Hälfte aufgeben muss." Bei gedämpfter Musik und dem Lied „Still wie die Nacht, tief wie das Meer sollt' deine Liebe sein" steckten wir uns die Ringe an.

Im Kreis von zwölf Personen fand die bescheidene Feier statt. Mein Bruder und auch der Bruder meines Mannes konnten leider nicht dabei sein. Erst am Tag danach traf mein Bruder zuhause ein. Von irgendwoher reiste er an. Mit seinen knapp 17 Jahren war er schon zum Kriegsdienst eingezogen worden. Für uns hieß es bald wieder Abschied nehmen, denn was sind schon 10 Tage? Flitterwochen oder gar eine Hochzeitsreise waren uns zu dieser Zeit unbekannt.

Freudiges Erwarten

Es schien, als vergingen die Monate des Wartens in Zeitlupe. Dann war der ersehnte Tag schließlich doch da. Pünktlich zum errechneten Termin kam das Söhnchen an. Es war der 10. März 1945. Noch immer waren Hausgeburten üblich. Hätte es sich noch eine gute Stunde hingezogen, hätten Opa und Enkel das gleiche Datum als Geburtstag nennen können. Kurz nach Mitternacht konnte meinem Vater sein süßes Enkelkind gezeigt werden. Gewiss war es je sein schönstes Geschenk.

Tags darauf wurde an den jungen Papa die freudige Nachricht vom geborenen Söhnchen abgeschickt. Es war die letzte Nachricht, die wir in den Wirren des Krieges noch senden konnten. Uns erreichte auch keine Post mehr. Uns quälte die Ungewissheit, ob er die Mitteilung von der Geburt des Sohnes erhalten hatte. So vergingen Monate. Keiner wusste vom anderen. Der Krieg hatte inzwischen sein Ende genommen. Wo war mein lieber Mann wohl und wo der jugendliche Bruder?

In den Tagen des Hoffens und Bangens gab es mit dem Söhnchen Ablenkung und Freude. Er bestimmte vorerst den Verlauf unserer Tage. Man kann wohl sagen, dass er am Anfang gleich zwei Mütter hatte. Die Namensgebung war noch ein Problem von der Sicht zweier Generationen. Die Oma schlug Martin, Helmut und Gerhard vor. Doppelnamen waren modern in dieser Zeit. Ich schwärmte für Hans-Uwe, was ich ohne Absprache mit dem Papa entscheiden musste, denn nur auf einen Mädchennamen hatten wir uns festgelegt.

Wie gerne hätte ich den kleinen Sohn ausgefahren. Schon einige Wochen war er alt. Der Frühling zeigte sich bereits mit seinen wärmenden Sonnenstrahlen. Einen Kinderwagen brauchte ich. Zum Kauf war ein Berechtigungsschein nötig. Ich bekam ihn nicht trotz wiederholter Nachfrage beim zuständigen Amt. Ich versuchte es mit Tausch, dort wo er nicht mehr benötigt wurde. Einen Kleiderstoff hatte ich zu bieten. Eine junge Frau zeigte Interesse. Ihre Schwiegermutter war dagegen. Auf eine mir unbekannte Familie bekam ich einen Hinweis. Was für ein Glück und was für ein Vertrauen brachten sie mir entgegen. Ich bekam den ihren geliehen. Nur ein paar Wochen benötigte ich diesen Wagen, dann hatte ich endlich meinen eigenen. Für das Ausleihen bedankte ich mich mit einem Paar Damenstrümpfen. „Nur ein Paar Strümpfe?", würde man heutzutage denken. Doch diese hatten mehr Wert als eine Abfindung mit Geld. Eine Bemerkung möchte ich anschließen: Strumpfhosen für Damen und Kinder gab es damals noch nicht.

Die Besatzer rollen an

Angst und Schrecken machten sich in der Bevölkerung breit. Die Amerikaner seien kurz vor dem Einmarsch in unseren Ort. Diese Nachricht machte schnell die Runde. Konnte dem Glauben geschenkt werden? Weiße Fahnen hingen nach und nach aus einzelnen Fenstern. Manchmal tat es eine Stoffwindel als Ersatz. Was hatte das zu bedeuten? Kampflos bliebe man den Anrückenden gegenüber, wurde mir erklärt. Ein Herr vom Rathaus stand vor unserer Flurtüre. Er gab mir den lang begehrten Schein für den Kauf des Kinderwagens. Was war das für ein Service? Sofortiges Handeln schien nötig. Gleich lief ich los zum einzigen Geschäft mit solchen Angeboten. Da standen sie einer neben dem anderen und einer wie der andere. Kein Unterschied war festzustellen. Einheitswagen wurden sie genannt und waren von einfacher Ausführung. Schnell war der Kauf getätigt. Damit rannte ich schnell nach Hause, als würde ich an einem Wettlauf mit den anrollenden Jeeps der Amerikaner teilnehmen. Kaum zuhause rollten sie auch schon unsere Straße entlang. Mit beklommenem Gefühl schauten wir hinter den Gardinen nach draußen. Es war der 18. April 1945. Für uns war der Krieg vorbei. Jetzt waren wir ein amerikanisch besetztes Gebiet. Kein Fliegeralarm mehr, kein abendliches Verdunkeln der Fenster mehr. An die neue Situation musste man sich erst gewöhnen. Am 8. Mai 1945 hatte der Krieg offiziell geendet, an Mamas Geburtstag.

Die Russen kommen

Wieder waren Gerüchte im Umlauf: Die Russen würden kommen. Man wollte es nicht glauben, dass die Amerikaner abziehen würden und die Russen einmarschierten. Nach sechs Wochen wurde ihnen unser Gebiet überlassen. Eines Tages holperte und polterte es die Straße entlang. Mit ihren Panjewagen zogen sie ein. Mit harten Stiefelschritten marschierten die Soldaten nebenher. Was für ein Kulturschock! Befürchtungen wurden laut. Kaum trauten wir Frauen uns aus dem Haus. Von unangenehmen Begegnungen wurde uns nichts bekannt. Die Amerikaner beanspruchten einen Teil von Berlin für sich und wir waren das Tauschobjekt.

Tage, Wochen und Monate gingen vorüber. Noch immer wussten wir nichts von unseren Liebsten. Wo waren sie wohl? Die Ungewissheit quälte uns. Am Abend ging man mit dieser Frage ins Bett und des Morgens führte sie uns wieder in den Tag.

Die Überraschung

Das Warten zog sich hin. Es gab noch immer keine Nachricht, kein Lebenszeichen. Von Tag zu Tag hoffte man, etwas zu erfahren. Der kleine Hans-Uwe entwickelte sich gut. Schon konnte er sitzen. So oft es ging, fuhr ich mit ihm aus. Es war ein schöner Sommer. Der Monat August hielt sich an die ihm zugedachten Erwartungen. Die Sonne lockte uns wieder hinaus. Diesmal ging die Oma mit. Meist hatte man so seine Ziele. Der Park bekam den Vorzug. Jener Tag führte uns ganz ans andere Ende unseres Ortes. Im dortigen Geschäft war meist etwas geboten, was man brauchte. Einige Leute standen schon im Laden, die Mama gesellte sich dazu. Wartend fuhr ich derweil davor auf und ab. Eine Nachbarin unseres Nebenhauses kam angeradelt. Wir wechselten ein paar Worte, der Kleine wurde bewundert und ich gefragt, ob meine Mutter dabei sei. Die Nachbarin verschwand im Laden und bald kamen beide Frauen heraus. Na, dann gab es heute wohl nicht das, was man hatte kaufen wollen. Die eine radelte davon, die Mama drängte heimwärts. Ich sollte unbedingt mit und wollte eigentlich nicht. Warum ich mich fügte, kann ich nicht sagen. Zuhause angekommen, gab es das freudige Wiedersehen mit meinem lieben Mann. Endlich konnte er den Sohn in die Arme schließen, der nun fast ein halbes Jahr alt war.

Das Wagnis

Aus englischer Gefangenschaft hatte mein Mann sich nach Bayern entlassen lassen, das die Amerikaner besetzt hielten. In die russische Zone hätte er keine Entlassungspapiere bekommen. Nur auf diesem Weg und dann noch über die grüne Grenze hatte er zu uns gelangen können. Was doch die Sehnsucht für Hindernisse und Gefahren zu überwinden vermag. Es war Gottes Fügung, dass alles gut ging.

Nun war unsere junge Familie beisammen. An Eigenständigkeit war nicht zu denken. Wir mussten bei den Eltern wohnen. Das war nicht einfach in der kleinen Wohnung. Dazu kam wenig später noch mein Bruder, der aus französischer Gefangenschaft kam und ein Anrecht auf sein Zuhause hatte. Alles ließ sich einrichten und verlangte gegenseitige Rücksichtnahme.

Die Nachkriegszeit

Die Ängste, die sich um Leben und Tod drehten, waren uns genommen. Jetzt drängte sich der Hunger ins tägliche Leben. Wir in der russischen Zone wurden am knappsten versorgt. Was ließ man sich da nicht alles einfallen. Leberwurst wurde selbst gemacht. Dafür musste kein Tier sein Leben lassen. Eine dicke Mehlschwitze, recht kräftig gewürzt, Majoran dazu und die nötige Einbildung gab das Ihre. Für unsere Bratheringe ging kein Fisch ins Netz. Der Teig, wie für Kartoffelpuffer länglich geformt, wurde knusprig braun gebraten. Jetzt erst durfte er „schwimmen". In Essigbrühe mit Zwiebeln, Lorbeerblatt und eben was an Würze zur Verfügung stand, wurden sie für einen Tag zum Durchziehen gelegt. Wie Bratheringe wirklich schmeckten, wusste man sowieso nicht mehr. Irgendwelche erfundenen und improvisierten Rezepte machten schnell die Runde.

Irgendwo verbliebene Ähren auf dem Feld waren schnell aufgesammelt. Die Kaffeemühle machte die Körner wohl mehr zu Schrot. Bei einem Kartoffelacker, der gerade abgeerntet wurde, stand man schon am Rand, auf die Freigabe wartend, dass nachgehackt werden dürfe, um eventuell noch einige Kartoffeln zu finden. Von Bekannten vom Land bekamen wir einen Sack voll Zuckerrüben, der in sehr mühevoller Arbeit zu Sirup verarbeitet wurde.

Aber wie im Sommer die Flaschennahrung für das Kind warm bekommen, wenn das Herdfeuer nicht brannte? Gas zum Kochen wurde nicht ständig zugeführt. Das Bügeleisen war die Rettung. Kopfüber wurde es zwischen Herd und Stange eingehängt. Auf die glatte Fläche kam das Emailletöpfchen zum Erwärmen und der kleine Hungrige konnte versorgt werden.

Die Wohnungssuche

Die Enge in der elterlichen Wohnung verlangte immer dringender nach einer Lösung. Wohnraum gab es nur vom Wohnungsamt. Immer öfter wurden wir dort vorstellig. Konnte man es Glück nennen? Zwei Räume bekamen wir in einem ehemaligen Herrschaftshaus, das eine Parterre das andere, kleinere im 1. Stock. Nur dieses war beheizbar. So schliefen wir unten und wohnten oben. Sanitäre Anlagen teilten wir mit anderen Mietern. Zum Waschen der Wäsche ging ich heim zur Mama.

Unerwünschte Untermieter zogen auch ein. Gelegentlich flitzte mal eine Maus durch den Raum. Das Nebengebäude war einst ein Getreidespeicher gewesen. An der Fußleiste nagten sich die Mäuse einen Zugang. Dieses Loch zu gegipst dachten wir, die Besucher wären ausgesperrt. Erst als der Gips mit Glassplittern vermengt wurde, hatten wir dann unsere Ruhe.

Es war das erste Weihnachtsfest allein. Ein Christbaum sollte schon dazu gehören. Bunte Kugeln zum Behängen hatten wir nicht. Sterne aus Pappe schnitt ich aus und beklebte sie mit farbigem Papier. Geschenke gab es nicht. So bescheiden mussten wir sein.

Wenigstens das nötigste zum Wohnen in unseren vier Wänden brauchten wir. Aus Schwiegervaters erster Ehe waren durch erneute Heirat einige Möbel überzählig. Dankbar nahmen wir dieses Angebot an. Vertrautheit gaben sie meinem Mann mit seinem glücklichen Zuhause, als die Mutter noch gelebt hatte.

Haushaltsgegenstände und Wäschestücke füllten die Liste der fehlenden Dinge. Das Geld auf unseren Sparbüchern nützte gar nichts. Als die Schaufenster wieder mit Angeboten locken konnten, war aller Leute Geld längst entwertet. Der Schwarzmarkt kam zu seiner Blütezeit. Bares war nicht gefragt. Zigaretten waren ein begehrtes Zahlungsmittel anstatt Mark und Pfennig. Ansonsten wurde Tausch, Gegenstand gegen Gegenstand jeglicher Art, bevorzugt.

Gefragt war auch die städtisch eingerichtete Tauschzentrale. So mancher trennte sich dort von geliebten Dingen oder Erbstücken. Des Ehemanns wertvolle Spiegelreflexkamera musste notgedrungen den Weg dorthin nehmen. Einst mühsam erspart und stolz auf deren Besitz, trennte er sich von ihr. Der Erlös erbrachte so manche benötigten Dinge, vor allem Bettwäsche.

Hamstertouren

Noch immer lebte die Bevölkerung der russisch besetzten Zone mit Lebensmittelkarten karger Zuteilung. Im Westteil Deutschlands gab es schon freie Versorgung. Noch hielt sich im geteilten Land die gleiche Währung. Auf verstohlenen Wegen war die Teilungsgrenze noch passierbar. Es kamen die so genannten Hamstertouren auf. Wer konnte, machte sich als Rucksacktourist auf den Weg zur anderen Seite. Hauptsächlich Nahrungsmittel jeglicher Art waren gefragt, damit man die Familie satt machen konnte. Zwei Tage für hin und zurück mussten eingeplant werden. Auf dem Heimweg konnte es passieren, dass man alles abgenommen bekam. Schlau geworden ging man mit Stoffsäcken und Verpackungsmaterial los. Auf dem Postweg kam alles zuhause gut an.

Aus Alt mach Neu

Not macht erfinderisch, heißt es oft. Jedes Stück Stoff fand seine Verwendung. Kleidung, zu kurz geworden, bekam eine Verlängerung. Es war egal, ob das Angesetzte farblich harmonierte – man zog es an. Oft musste auch aus zwei Kleidungsstücken eines gemacht werden. Irgendwie verziert oder bestickt sah manches recht passabel aus. Ideen musste man haben. Sogar Hausschuhe und Pantoffeln entstanden aus dickeren Stoffresten. Meine Großmutter war darin gut geübt. In einem Kurs ließ sie sich belehren. Mit manchem Paar versorgte sie anschließend die Familie.

Töpfe, die ihrem ständigen Gebrauch mit einem Loch Zeugnis gaben, waren ein Fall für den Klempner oder Flaschner, wie es anderen Ortes hieß. Mit Lötkolben wurden die durchlässigen Stellen wieder abgedichtet. Der Topf war dann wieder zu gebrauchen.

Die Wohnung

Ausdauerndes Nachfragen beim Wohnungsamt brachte endlich Erfolg. Wir bekamen eine richtige Wohnung. Ganz in der Nähe meiner Eltern wohnten wir von da an. Das hatte seine Vorteile. Fehlende Haushaltsgeräte ließen sich schnell bei der Mama ausleihen. Mit einem modernden Küchenschrank, den wir meinem Bruder verdankten, konnten wir einziehen. Zurück aus der Kriegsgefangenschaft bot ihm sich vorerst eine Lehre als Schreiner an, was zum Studium als Gewerbelehrer führte. Eine Ausbildung zum Stahlbauingenieur schloss sich noch an.

Heimarbeit

Eine Nachbarin bat mich bei der Firma für Konfektion, wo sie tätig war, mit Heimarbeit auszuhelfen. Das Angebot nahm ich gerne an. Als Handnäherin machte ich mich an die Endfertigung von Kleidern. Die Lieferung mit öffentlichen Verkehrsmitteln war nicht einfach. Es war aber ein guter Zuverdienst für die Haushaltskasse. Doch nach einiger Zeit wurde die Arbeit außer Haus eingestellt. Das stellte mich vor die Entscheidung aufzugeben oder im Betrieb weiterzuarbeiten. Mit den Eltern war eine Absprache nötig, denn das dreijährige Söhnchen musste versorgt werden. Sie nahmen ihn gerne in ihre Obhut, zumal auch die Kindergartenzeit begann. Stets führte der Weg nach Feierabend bei den Eltern vorbei und wir wurden über den Verlauf des Tages informiert. An Samstagen und Sonntagen gehörte der Sohn dann wieder uns.

In der Firma saß ich mit am Tisch der Handnäherinnen. Das Unternehmen vergrößerte sich immer mehr. Es wurden Mäntel, Kostüme und vor allem Kleider in Bandarbeit gefertigt. Eines Tages nahm man mich von den Handnäherinnen weg und übertrug mir die Leitung eines Bandes. Eine interessante und verantwortungsvolle Tätigkeit war es, die mir Freude machte. Ein besserer Lohn gehörte dazu.

Eine Urlaubsreise

Ein Reisebüro? Davon hatten wir noch nie etwas gehört. Plötzlich gab es sie. Wer machte denn schon eine Urlaubsreise? Man besuchte ab und an mal Verwandte, das war alles. Neugierig geworden schauten wir uns das Neugebotene an. Noch immer wurde an sechs Tagen der Woche gearbeitet. Einmal ausspannen, etwas anderes sehen, täte das nicht gut? Könnten und sollten wir uns das leisten? Der Tag kam. Wir saßen im Zug, der uns für eine Woche in den Harz brachte. Eine schöne Fahrt war es durch die grüne und hügelige Landschaft. In Nordhausen stiegen wir um in die Bimmelbahn, die durch Wald und Wiesen schnaufte. Wir hatten das Leipziger Flachland hinter uns gelassen, das nur mit einem Trümmerberg aufwarten konnte. Stiege hieß unser Ziel, wovon wir noch nie gehört hatten. Soll ich es eine kleine Ortschaft nennen? Oder wäre „Dörfchen" treffender? Mit unserem Koffer bescheidenen Inhalts suchten wir das Quartier. Größere und kleinere Pfützen hatte der Regen auf dem Weg hinterlassen. Bald hatten wir unsere Unterkunft gefunden. In einem privaten Haushalt wurden wir aufgenommen.

Sieben Tage wohnten wir in einem Zimmer mit Doppelbett. Recht bescheiden war dessen Ausstattung. Vollpension hatten wir gebucht. Zu den Mahlzeiten mussten wir ins nahegelegene Gasthaus gehen.

Die Gegend zu erkunden blieb unserer Findigkeit überlassen. Zu Fuß marschierten wir hügelauf, hügelab. Die Kleinbahn konnte uns nur kurze Strecken voranbringen, denn wir waren nahe an der Zonengrenze. Überschreiten durften wir diese aber nicht, folglich war uns dort Halt geboten. Der Brocken mit seinen 1.142 Metern, die höchste Erhebung Mitteldeutschlands, lockte uns hinauf. Ein bequemer Spaziergang war es nicht gerade, aber das Wort Besteigung wäre wohl übertrieben. Meist hülle er sich oben im Nebel, wussten die Einheimischen. So war es auch an jenem Tag. Nur kurze Ausblicke ließen die Nebelschwaden zu. Wieder am Fuß des Berges angekommen, brachte uns die Bahn von Schirke bis Elend ein Stück des Weges zurück.

Tags darauf führte uns eine reizvolle Wanderung durchs wilde Bodetal. Beidseitig stieg steil die Höhe an. Auf der einen Seite befand sich der Hexentanzplatz, die Rosstrappe lag gegenüber. Eine Sage erzählt, ein Reiter habe den Sprung über diese Schlucht gewagt. Ein Hufabdruck des Pferdes würde davon zeugen.

Von dort hatten wir einen guten Ausblick bis zum Städtchen Thale. Was ist schon eine Woche Urlaub? Schneller als gedacht war sie vorbei. Der Alltag mit seiner Pflicht nahm uns wieder in Empfang.

Schicksal

Fast hätte der Uwe ein Schwesterchen namens Christine bekommen. Sechs Jahre war er da bereits alt. Das Schicksal jedoch hat es anders gewollt. Es sollte nicht sein. War es eine Bestimmung? Hatte unser Schicksal schon die vor uns liegende Zeit im Blick? In der Nachschau könnten wir es so sehen.

Die Arbeitswelt

Die Firma verlangte Woche für Woche unsere Pflicht. Sie hatte sich emporgearbeitet. Nur erstklassige Produkte verließen das Haus. Mit diesem Erfolg hatte sie mit ihrer Konfektion einen guten Ruf erworben. Doch was war da für ein Gerede im Umlauf? Es ließ sich nicht mehr leugnen. Der Chef, der sein Unternehmen zu beachtlicher Größe gebracht hatte, hatte fortan nicht mehr das Sagen in seinem Eigentum. Volkseigener Betrieb nannte es sich jetzt. Der Staat drängte sich hinein. Eine Enteignung würde man es heute nennen. Damit zog eine politische Gesinnung ein. Eine nach der anderen sollten sich die Leiterinnen der Bandarbeit für je zwei Wochen auf die Parteischule begeben. Ihre Arbeit ruhte, Lohnausfall gab es nicht. Dieser Richtung wollte ich nicht folgen.

Familienbindung

Die Schwester meines Mannes war schon vor längerer Zeit dem Ruf ihrer Freundin nach Stuttgart gefolgt. Zuhause mit der Ersatzmutter konnte sie sich nicht so recht arrangieren. Mein Mann, ihr um einige Jahre älterer Bruder, fühlte sich der damals Achtjährigen nach dem Tod der Mutter fürsorglich verpflichtet. Ganz unerwartet kam die Nachricht, sie werde heiraten. Diese Nachricht ließ ihn nicht unberührt. War ihre Entscheidung richtig, wollte er wissen. Diese Frage ließ ihn nicht mehr los. Wer war der Auserwählte? Sollte er mal hinfahren? Immer wieder erörterten wir das Problem. Noch immer bestand die Möglichkeit irgendwie über die Grenze zu gelangen. Genehmigungen für Besuchsreisen bei Familienangelegenheiten gab es nicht. Alle Möglichkeiten zogen wir in Betracht, bis der Entschluss gereift war. Es wurde noch die Einschulung des Sohnes abgewartet. Einvernehmlich machte er sich dann auf den abenteuerlichen Weg.

Die Grenze war passiert. Die westliche Grenzpolizei hieß ihn nicht freundlich willkommen. Der Rückweg ward geboten. Den Willen ließ er sich nicht nehmen. Der sofortige zweite Versuch glückte. Bis Stuttgart war es noch weit. Auch das ließ sich bewältigen. Dem freudigen Wiedersehen mit der Schwester stand nichts mehr im Weg. Rechtzeitig zur Hochzeit war er da und fand alles in bester Ordnung.

Eine andere Welt zeigte sich ihm dort. Der Wunsch vieler Ostdeutscher in den Westen zu kommen, wurde ihm jetzt begreiflich. Was nun? Der Mann im Westen, Frau und Kind im Osten. Wieder zurück in die Arbeitslosigkeit und den politischen Druck aushalten? Sollte man der Familie ein besseres Leben bieten? Man brauchte Zeit, um die Gedanken zu ordnen. Ein eigenes Dach über dem Kopf war sein erstes Bestreben. Die Stuttgarter selbst mussten sich mit Notlösungen abfinden. Die Stadt lag in Trümmern. Untermiete war das Los vieler. Die Suche nach einer einstweiligen Bleibe hatte bald Erfolg. Ganz am Rande der Stadt bot sich in einem Einfamilienhaus ein recht bescheidener Raum ausgestattet mit dem Allernötigsten. Der Dringlichkeit war Genüge getan. Die Berufsarbeit wartete direkt auf Arbeitssuchende. Die Familie aber lebte getrennt, wir da, er dort. Die Wochentage füllte meine Berufstätigkeit aus. Das Wochenende ließ sich schwer ertragen. Die gut gefüllten Pakete, die wir bekamen, waren auf Dauer auch kein Trost mehr.

Mit warmem Schuhwerk wurden unser Sohn und ich für den Winter ausgestattet. Natürlich zog dieses die Blicke anderer auf sich. Fast war es mir peinlich die Worte zu hören: „Ihr habt aber einen guten Onkel im Westen". Schweigend nahm ich es hin.

Eine Notlüge

Noch immer waren wir im Osten bei den Lebensmittelzuteilungen auf Kartenabschnitte angewiesen. Diese bekamen wir monatlich von einer Beauftragten ausgehändigt. Die meines Mannes durfte ich nun nicht mehr annehmen. Ich wies diese mit der Begründung, er sei nicht mehr da, zurück. Wie schnell kam damit übles Gerede in Umlauf. Die Gerüchteküche brodelte. Böswilliges Verlassen, war deren liebstes Thema. Meinerseits gab es dazu nur eisernes Schweigen.

Lösung in Sicht

Monate gingen dahin. Der Winter war ins Land gezogen. An den Weihnachtstagen vermisste einer den anderen besonders stark. Das Neue Jahr hatte seine ersten Tage bereits hinter sich. Das Gefühl der Ödnis und Leere drängte sich mir immer mehr auf. An Sonntagen war die elterliche Wohnung mein Zufluchtsort. Tränen und Traurigkeit blieben den Eltern und dem Bruder längst nicht mehr verborgen. Ich war ein zerrissenes Wesen. Zum Teil gehörte ich zu meinem Ehemann. Der andere Teil war Liebe, Fürsorge und Pflicht für den gemeinsamen Sohn. Diesen Zwiespalt musste ich aushalten.

Wohl im Geheimen hatten Eltern und Bruder über eine Lösung beraten. Das Resultat war: „Sie muss zu ihrem Mann." Sicher wurde der Sohn mit diesem Gedanken vertraut gemacht. Plötzlich sagte er mit seinen sieben Jahren: „Mama, du kannst zu Papa gehen, ich bleibe derweil bei Oma und Opa." Das war wie ein Freispruch für mich. Ich wusste ihn ja in guter Obhut.

Vorbereitung

Die Vorfreude auf das Wiedersehen ließ mich hoffen. Ängste und Bangen verdrängte ich. Das Wagnis, über die bewachte Grenze zu fliehen, blieb mir allein. Es war ein Risiko. Vorher gab es noch dies und das zu bedenken. Die Wohnung gaben wir nicht auf. Man wusste ja nie, was passieren würde. Etwas Kleidung und Wäsche wurde per Post schon vorausgeschickt. Die Kündigung in der Firma verlangte ihre Ordnung. Arbeitspapiere zu haben, war mir wichtig. Mit Bedauern nahm man mein Ausscheiden zur Kenntnis. Eine maßgebliche Person ließ mich wissen, dass ich mit meinen Leuten eine Auszeichnung für gute Arbeit bekommen sollte. Diese wäre mit einer finanziellen Belobigung verbunden gewesen.

Aufbruch

Mein letzter Arbeitstag war der 28. Februar 1952. An einem dieser ersten Märztage saß ich im Zug nach Plauen. Nur eine Handtasche war mein Reisegepäck. Am Bahnhof holte mich mein Bruder ab, der in Plauen als Lehrer tätig war. Die Nacht verbrachte ich bei ehemaligen Nachbarn der Eltern, die nach Beendigung des Krieges wieder in die Heimat zurückgegangen waren.

Der folgende Tag war genau geplant. Mein Bruder holte mich ab. Mit einem seiner Schüler fuhren wir mit dem Zug bis zur letztmöglichen Station vor der Grenze. Vorsichtige Umschau war geboten. Das letzte Haus vor der Grenze war mein Ziel. Unser Begleiter wohnte dort bei seinen Eltern. In diesem Haus verbrachten wir die Zeit bis zum Einbruch der Dunkelheit, als die russischen Grenzbewacher abgelöst wurden. Diese Gelegenheit galt es zu nutzen. Gleich hinter dem Haus stiegen wir drei den Wiesenhang hinauf, bis wir einen querlaufenden Weg erreichten. Hier war der Halt. Weiter konnte ich nicht begleitet werden. Hinweise und Ratschläge für den vor mir liegenden Weg bekam ich noch. Ein Stück lief ich den Hang noch hinauf, dann führte mein Weg mich abwärts. Nun war ich mit mir und meinem Schicksal allein in dieser dunklen, fremden Gegend. Nur die Angst war mein Begleiter. Der Mond mit seiner zunehmenden Sichel konnte mir nur etwas spärliches Licht bieten. Dennoch waren da diese leichten Schatten, die mich irritierten.

Durch sie wurde meine Fantasie geweckt. Ich glaubte, eine Person zu sehen. Kam sie näher? War ich entdeckt worden? Schnell in die Hocke, abwarten, ob sich etwas tat. Eine ganze Weile hielt ich so inne. Ich lauschte, beobachtete. Nur mein Herz machte sich wild pochend bemerkbar. Sonst regte sich nichts. Eine Täuschung? Neuer Mut trieb mich weiter. Über ein Rinnsal müsse ich springen, dann sei ich auf der anderen Seite, war ich vorher informiert worden. Einmal gehopst über ein querlaufendes Wässerchen, nun war ich wohl drüben. Ich kam auf einen Weg. Daneben plätscherte ein Bach talwärts. Dessen Richtung lief ich nach. Plötzlich stand ich an einem Schlagbaum, der die Grenze markierte. Auf welcher Seite befand ich mich? Hinter mir ließen sich schnelle Schritte vernehmen, schnell hin. Als ich auf meine Frage die Antwort „West" bekam, war ich erleichtert. Gleich wurde ich mit den drei Frauen ins Haus gezogen. Die Polizei sei auf Streife, war die Erklärung und ich solle eine Nacht hierbleiben. Eine der Damen war die Dame des Bauernhauses. Die anderen hatten wohl einen Besuch gemacht und wollten in den Osten zurück. Ich verbrachte die Zeit bis zur morgendlichen Dämmerung auf einem Stuhl. Mit dem Rat, dem Fräulein vom Nachbarhaus nachzulaufen, wenn sie mit dem Bus nach Hof fuhr, verließ ich das gastliche Haus. Die Straße war erreicht, der Bus kam. Das Fräulein stieg ein, die Tür ging zu. Ich gab Zeichen, ich wolle ebenfalls mitfahren, doch der Bus fuhr davon und ich blieb stehen.

Wollte er nichts gesehen haben oder durfte der Fahrer keine fremden Personen mitnehmen? Letzteres wurde mir später zur Gewissheit. Ratlos blieb ich zurück. Was nun? Langsam wurde es hell. Es schien ein recht freundlicher Märztag 1952 zu werden. Der Dienstag der Osterwoche war es. Eine endlos lange Straße zog sich vor mir hin. Ob es weit bis Hof sei, fragte ich mich selbst. Es war ja niemand da, der mir hätte antworten können. Was hielt mich noch? Wozu war die Straße da? Ich marschierte los. Die Tasche in der Hand war mit ihrem wenigen Inhalt keine Erschwernis. Beidseitig offene Landschaft – mit ihr teilte ich mein Dasein. Kein Mensch war weit und breit zu sehen. Nur die Natur bot mir ihre Gesellschaft. Auf den Wiesen zeigte sich frisches Grün. Auf den Feldern drängten sich die jungen Spitzen des Getreides durch die Feuchte des Morgentaus. Ein Baum hier, ein Busch dort. Der Frühling wollte wieder Einzug halten. Mein Blick schweifte mal hierhin mal dahin und vor mir eine endlos lange Landstraße. Weit entfernt schien es mir, als ob da etwas zu sehen war. Entfernte es sich oder kam es näher? Ein Radfahrer könnte es sein. Ja, er kam näher. Vielleicht war es ein Frühaufsteher, der den Morgen des Tages genießen wollte? Gleich würde er an mir vorbeiradeln. Fast war er es auch, doch dann stieg er doch noch ab. Einen „Guten Morgen" wünschte er mir. Wie freundlich, dachte ich. Woher und wohin wollte er wissen. Ich zögerte mit der Antwort. Er gab sich als Polizist zu erkennen, ein recht junger war es. Was würde er schon von mir wollen? Zur Dienststelle müsste er mich mitnehmen. Woher ich kam, das war ihm schon klar. Die lange Strecke, die ich zu Fuß bereits hinter mich gebracht hatte, konnte er wohl ermessen. Zur Rücktour bot er mir sein Rad an und ich fuhr langsam neben ihm her. Zur Sicherheit nahm er meine Tasche an sich.

In Polizeigewahrsam

Als wir die Dienststelle erreicht hatten, wurde mir die Festnahme endgültig bewusst. Viele Fragen wurden mir im Verhör gestellt. Doch was war mein Vergehen? Ich wollte doch nur von Deutschland nach Deutschland und zu meinem Ehemann. Mein Ausweis bezeugte doch, dass ich Deutsche war. Das fanden sie glaubwürdig. Trotzdem musste ich noch bleiben. Es käme noch die Militärpolizei der Amerikaner. Sie hätten auch noch Fragen an mich. Das dauerte bis in den Nachmittag hinein, doch dann erschienen sie schließlich. Wertvolle Zeit war derweil für mich vergangen. Über die russische Grenze wollten sie einiges von mir wissen, was sich um militärische Dinge drehte. Da konnte ich nicht dienlich sein. Hier war dann mein unfreiwilliger Aufenthalt zu Ende. Man teilte mir aber mit, dass ich noch zum Amtsgericht müsste, um dem Richter vorgeführt zu werden. Das durfte doch wohl nicht wahr sein! Ein Polizist der Dienststelle war mein Begleiter. Mit dem Bus fuhren wir hin. Im Gericht hieß es wiederum warten. Der Richter musste erst noch von irgendwo her beordert werden. Wieder in Geduld üben. Endlich traf er ein. Wieder ein Verhör: woher, wohin und warum? Meine wahrheitsgetreuen Angaben überzeugten ihn nicht. Bestätigung musste sein. Mit dem Einwohnermeldeamt in Stuttgart ließ er sich verbinden. Ja, der Mann sei ordnungsgemäß gemeldet, bekamen wir zu wissen. Doch selbst das genügte ihm noch nicht. Die Firma seiner Beschäftigung musste ihm auch noch Bestätigung geben. Noch fehlte das Tüpfel-chen auf dem „I". Beim Hofer Postamt wollte er Auskunft haben, ob es stimme, dass für mich postlagernd Geld da sei. Hier galt auch die Autorität eines Amtrichters nichts. Man ließ ihn wissen, dass darüber keine Auskunft gegeben werden dürfe, weil es unter das Postgeheimnis fallen würde. Das ging wohl zu sehr an seine Ehre. Er bat um Rückruf, damit der Polizeibeamte wusste, mit wem er verbunden war. Der Rückruf kam mit einem „Ja" auf seine Frage. Der Betrag wurde nicht preisgegeben. Nun durften wir gehen, mein begleitender Polizist und ich. Meine Freiheit hatte ich wieder und mein Begleiter wohl endlich seinen verdienten Dienstschluss. Noch immer blieb er an meiner Seite und lotste mich zum Postamt. In gebührendem Abstand wartete er, bis ich meine Angelegenheiten geregelt hatte. Jetzt besaß ich das nötige Geld, das in kluger Voraussicht postlagernd hinterlegt worden war. Die Fahrkarte konnte ich kaufen. Mit dem nächsten Zug könnte ich nach Stuttgart fahren, dachte ich. Noch immer ließ mich der Polizist nicht allein und ging mit mir zum Bahnhof. Die Fahrkarte in der Tasche liefen wir zum Bahnsteig. Wir sahen den Zug gerade noch davon rollen. Es war der letzte an diesem Tag, der diese Strecke fuhr. Ratlos stand ich da. Mein mich so treu begleitender Polizist wusste aber gleich wohin. Zur Obdachlosen-unterkunft führte er mich. Erst als er wusste, dass mir ein Bett für diese Nacht gewiss war, verabschiedete er sich mit noch einigen guten Ratschlägen. Mit einem kärglichen Abendessen in diesem Haus ließ sich mein knurrender Magen beruhigen. Für eine geringe Gebühr bekam ich in einem großen Schlafsaal für Frauen ein Bett zugewiesen. Hier konnte ich nach einer schlaflosen Nacht am Vortag endlich zur Ruhe kommen.

Was war das für ein Tag gewesen, den ich so hoffnungsvoll angegangen war? Ich kann es nicht leugnen, stolz bin ich gewesen, das Unternehmen, die Grenze in dunkler Nacht zu überqueren, allein geschafft zu haben. Ich glaube sagen zu können, dass ich über mich selbst herausgewachsen bin. Denn zu den Mutigen zählte ich gewiss nicht.

Ein neuer Tag

Am Morgen nahm ich noch das gebotene Frühstück an, ehe ich mich auf den Weg zum Bahnhof machte. An einem Obstgeschäft ließ mich die Vielfalt der gebotenen Früchte vor dem Laden staunen. So eine Auswahl konnte ich kaum erfassen. Im Sinn herrschte noch die Bescheidenheit und ich leistete mir nur einen einzigen Apfel.

Früh genug war ich am Bahnhof. Der Zug stand schon bereit. Einen Fensterplatz wählte ich. Bis zur Abfahrt fanden sich nur noch wenige Fahrgäste ein. Erst auf der Strecke stiegen mehr und mehr zu. Für mich ging es einem noch unbekannten Ziel entgegen. Die vorbeiziehende Landschaft fand mein Interesse. An wenigen Stellen brachte sich der Winter mit Schneeresten noch in Erinnerung. Diese waren der Frühjahrssonne noch verborgen geblieben. Trotz allem ließ sich die wiedererwachende Natur nicht zurückhalten. Wechselhaft bot sich die Fahrt durch die Landschaft dar. Bald breitete sich eine Eben aus. Dann wiederum zeigten sich Hügel und Berge. Auffallend gepflegt wirkten die Ortschaften, an denen der Zug vorüber fuhr. Mit abwechslungsreichen Eindrücken kam das Ziel näher. Zu meiner Freude zeigte sich die Gegend mehr und mehr bergig und hügelig. Mir wurde bewusst, wie ich das in der Leipziger Ebene vermisst hatte. Der Zeit nach durfte es bis Stuttgart nicht mehr weit sein. Wurde die Geschwindigkeit nicht schon gedrosselt? Die Erwartung, dass wir zwei gleich wieder zusammen sein würden, ließ mein Herz vor Freude schneller schlagen. Bei den Mitreisenden kam Unruhe auf. Koffer wurden bereitgestellt und man zog sich an. Schon rollten wir am Bahnsteig entlang. Ein Ruck und der Zug stand. Die Leute drängten zum Ausstieg. Zügig leerte sich das Abteil. Schon während der Einfahrt suchte ich unter den Wartenden meinen Mann. Wo war er? Zögernd stieg ich mit meiner Handtasche aus. Mehr hatte ich nicht bei mir. In dieser Menge musste er sein. Bald würde er mich entdeckt haben. Wenn alle sich entfernt hätten, würden wir uns sehen. Immer mehr leerte sich der Bahnsteig. Allein stand ich noch da. Das Gefühl der Verlassenheit befiel mich. Nur Geduld, gleich würde er da sein. Irgendwo war der liebe Mann bestimmt aufgehalten worden. Oder konnte er nicht früh genug von der Arbeit weg? Die Zeit rann dahin, meine Hoffnung auch. Mit dem Blick nach allen Seiten lief ich langsam zum Ausgang. Der Bahnhofsvorplatz war erreicht. Ein reges Treiben empfing mich. Straßenbahnen kamen, hielten und fuhren wieder ab. Bei den Aussteigenden war er nicht dabei. Einsam und verlassen stand ich in der mir noch fremden Stadt.

Die Adresse seiner Schwester war in meinem Gedächtnis gespeichert. Also fragte ich, wie ich dorthin kommen konnte. Auf eine ältere Dame ging ich zu, sie kannte sich gewiss aus. Auf meine Bitte um Auskunft bekam ich die Erklärung und die Auskunft, mit welcher Bahn ich fahren müsse. Ihr stark ausgeprägter Dialekt verlangte mir alle Aufmerksamkeit des Verstehens ab. Damals noch mit Schaffner fahrend bat ich diesen mich an der genannten Haltestelle aussteigen zu lassen. Bald hatte ich die mir in Erinnerung gebliebene Straße und Hausnummer gefunden. Vor einem großen Mehrfamilienhaus stand ich nun. Der Krieg hatte es verschont. Von Etage zu Etage stieg ich empor. Nur jeweils eine Flurtür befand sich auf den Stockwerken. Doch an jeder standen mehrere Namen. An der Türe ganz oben fand ich den von mir gesuchten. Noch ein Zögern, ehe ich auf den Klingelknopf drückte, denn das Herz schlug wild. Wie bestellt, öffnete mir die Schwägerin. Erstaunt war sie, mich allein zu sehen. Wo er denn sei, mein lieber Mann? Das aber wollte ich von ihr erfahren und wurde nun zu unser beider Rätsel. Später, wenn das Kind schliefe, wollte sie mich zu seinem Quartier bringen. Sie selbst hatten, obwohl ihr Mann Stuttgarter war, nur einen Raum zur Untermiete. Das erklärte auch die vielen Namen an den Türen, denn es handelte sich um Etagenwohnungen.

Irrungen und Wirrungen

Viel hatten wir uns zu erzählen. Es dämmerte schon, der Abend kündigte sich an. Da läutete es an der Türe. Sie ging hin, um zu öffnen. Zurück kam sie mit unserem rätselhaften Vermissten. Was für ein freudiges Wiedersehen nach sechs langen Monaten!

Was aber war geschehen? Warum hatte er mich nicht am Bahnhof abgeholt? Als er erfuhr, dass man mich zum Amtsgericht gebracht hatte, war seine Befürchtung gewesen, dass ich zurückbeordert werden würde. Auf schnellstem Wege wollte er mich aus deren Gewalt holen. Seine eigene Erfahrung als illegaler Grenzüberschreiter ließ ihn nichts Gutes hoffen. Mit einem Bekannten, der ein Auto besaß, war er in der Nacht nach Hof gefahren. Es wurde zu einem Katz- und Maus- spiel. Als sie dort ankamen, saß ich bereits im Zug und fuhr meinem Ziel entgegen.

Ungewiss war noch mein Unterkommen. Würde sein Vermieter mich mit aufnehmen? Als wir uns zu seinem bescheidenen Zimmer aufmachten, war aus dem Abend Nacht geworden. Straßenbahn und Bus brachten uns zum Ziel. Die Lebendigkeit der Stadt ließen wir zurück. Die Ruhe eines Sied- lungsgebietes war erreicht. Einfamilienhäuser befanden sich da in ihren schön gepflegten Gär- ten. Das Haus, auf das wir zusteuerten, hüllte sich bereits im Dunkeln. Aus keinem Fenster drang Helligkeit nach draußen. Das zeigte uns, dass alle schon schliefen. So mussten wir ohne mich vorstellen zu können und um Aufnahme zu bitten die Treppe empor zu dem Gemach, das nur durch das Wohnzimmer der Vermieter zu erreichen war. Nun standen wir in dem kleinen Raum, der uns für unbestimmte Zeit Geborgenheit bieten sollte. Mit dem Allernötigsten, was gebraucht wurde, war er ausgestattet. Was wollte man mehr? Nur das Bett mussten wir uns vorerst teilen. Ein kleines Umluftheizgerät spendete bei Bedarf etwas Wärme. Es galt, sich in Bescheidenheit zu üben.

Der nächste Morgen kam. Noch wussten die Hausbesitzer nicht, dass in der Nacht noch ein müdes Haupt mehr unter ihrem Dach geruht hatte und wir waren im Zweifel, ob man mich aufnehmen würde. Dem kommenden Tag sahen wir mit gemischten Gefühlen entgegen. Würde es eine Zustimmung geben oder würde es eine Ablehnung werden? Wohlwollen brachte man uns entgegen, was für eine Erleichterung! Ich durfte einziehen. Nun erst hatte ich das Gefühl, endgültig angekommen zu sein. Bald entwickelte sich ein recht gutes Verhältnis. Manche Hilfe wurde uns geboten. Wir durften den Aufenthalt im Garten genießen. Vom Kirschbaum, der große, süße Früchte hervorbrachte, war es uns erlaubt zu naschen. Als die Hausfrau zur Operation ins Krankenhaus musste, konnte ich etwas Hilfe im Haushalt zurückgeben.

Der Schwarzwald

Die Osterwoche 1952 war es, als ich das Unternehmen Flucht von Ost nach West wagte. Da das Osterfest einige freie Arbeitstage mit sich brachte, hatte mein lieber Mann eine Überraschung für mich parat. Wir reisten in den Schwarzwald. Ein Kurzbesuch bei seinem Großonkel, einem überzeugten Junggesellen, nicht mehr ganz so jung an Jahren, war geplant. In Königsfeld war er im Zinsendorf-Internat als Studienrat tätig. Er bot uns den Aufenthalt bei sich an. Wir durften sogar mit dem Kollegium zusammen im Speisesaal deren Tischgäste sein.

Da es herrliche Frühlingstage waren, lockte uns das Wetter in die wunderschöne Natur. Wir wanderten durch die Gegend und fuhren teils kurze Strecken mit dem Bus. So kamen wir in die Sieben-Täler-Stadt Schramberg. Tags darauf führte unser Weg uns zu den Triberger Wasserfällen. Es waren schöne, erlebnisreiche drei Tage. Die waldreiche Luft trug das Ihre zur Erholung bei. Wer hätte gedacht, dass mir nach den hinter mir liegenden aufregenden Tagen so etwas Schönes geboten werden würde? Glücklich und zufrieden ging es mit dem Zug zurück in unser so bescheidenes Reich. Eine kurze Auszeit gönnte ich mir noch, um den Leuten und deren schwäbischem Dialekt näher zu kommen.

Berufstätigkeit

Es war an der Zeit, nach einer Verdienstmöglichkeit zu suchen. Das war nicht schwierig, denn der Arbeitsmarkt verlangte nach tätigen Kräften. Gleich zeigte sich Erfolg. Mein Ziel war es, wieder in Konfektion unterzukommen. Bald saß ich wieder in der Runde am Tisch der Handnäherinnen. Es war ein mittelgroßes Unternehmen. Dass man mir als Neuzugang gleich die Kontrolle über die fertigen Arbeiten meiner Kolleginnen übertrug, war mir nicht recht, ja, es war mir sogar peinlich. Von meiner vorherigen Tätigkeit hatte ich doch gar nichts erwähnt. Nach einer gewissen Zeit wurde ich noch zur Aushilfe ins Büro geholt. Das war mir erst recht ein Rätsel. Ich erfuhr, dass der Chef Sachsen schätzte. Recht hilfreich war dieser Zuverdienst für die Haushaltskasse, die noch ihren Teil zum Aufbau zu leisten hatte. Das zweite Mal begannen wir in unserer Ehe mit nichts. Gebraucht wurde ja alles. Erst waren es die Kriegsjahre und die Zeit danach gewesen, die keinerlei nötig Gebrauchtes boten. Jetzt hatten wir dieses Los selbst gewählt, das mit Hoffnung den Aufwärtstrend bringen sollte. Mit Entbehrungen zu leben, war uns nicht fremd. Unsere dringendste Anschaffung konnten wir jetzt angehen. Eine Zweisitzercouch, die nach vorne ausziehbar war, und zwei Liegeflächen bot, war das wichtigste. In ihrer Breite durfte sie das Längenmaß des Bettes nicht überbieten. Die Stellfläche bestimmte die Größe. Jetzt hatte jeder den nötigen

Platz, der einem Schlafenden zustehen sollte. Der Neuanfang hatte begonnen.

Raumwechsel

Eigenbedarf wird es genannt. Der zweite Sohn des Hausbesitzers, längst schon aus dem Haus, stand vor der Heirat. Das junge Paar wollte mit im Haus unterkommen. Wohnungsnot herrschte noch immer. Die obere Etage, die wir mit noch einer Familie zusammen belegten, musste freigemacht werden. Die Familie, derer drei Personen, musste sich eine andere Bleibe suchen. Wir bekamen einen Raum im Souterrain angeboten, den wir gerne annahmen. Mehr Platz als der vorherige bot er nicht. Der Vorteil war, dass wir nicht mehr durch das Wohnzimmer mussten, wenn wir hinein wollten. Auch der Gang zur Toilette fiel durch diese Räumlichkeit weg. Besser noch, wir hatten unseren eigenen Zugang zum Haus. An kalten Tagen spendete der Füllofen wohlige Wärme. Wie bisher tat der Elektrokocher seine Dienste. Zur Schlafenszeit musste der Tisch in den Vorraum gebracht werden, weil die ausgezogene Liegefläche des Sofas dessen Platz benötigte.

In der Waschküche nebenan, die nicht mehr ihrem eigentlichen Zweck diente, fanden Lebensmittel Kühlung. Zu dieser Zeit stand noch nicht in jedem Haushalt ein Kühlschrank.

Waschsalons mit ihren modernen Maschinen boten den Hausfrauen ihre Dienste an. Wer rubbelte da noch auf dem Waschbrett im Dampf des Kochkessels die Wäsche? Im Wägelchen fuhr man die Wäsche dorthin. Mit den sauberen, feucht geschleuderten Stücken kam man bald zurück. An der Wäscheleine durften Sonne und Wind noch das Trocknen übernehmen. Es dauerte nicht mehr lange, bis Waschmaschinen für den Haushalt ihren Platz eroberten.

Badezimmer fanden sich kaum in irgendeiner Wohnung. Hallenbäder gaben in separaten Räumen die Möglichkeit eines Wannenbades. Für eine Gebühr und bemessene Zeit konnte man sich in einer Wanne rekeln und säubern.

Neuigkeiten

Überraschungen lassen sich nicht planen. Sie kommen ohne Wenn und Aber. Nachwuchs kündigte sich an. Wie sollte sich das einordnen lassen? Einer Neuorientierung bedurfte unser Leben. Wie stellten sich unsere Vermieter dazu? Bedenkenlos nahmen sie die Mitteilung auf. Wir waren erleichtert. Es bedeutete, dass wir noch enger zusammenrücken mussten in unserem kleinen Wohnbereich. Platz für den Stubenwagen ließ sich in der einen Ecke gerade noch finden. Trotz allen erneuten Einschränkungen sahen wir dem Kommenden freudig entgegen. Würde es diesmal ein Mädchen werden? Das Schicksal oder auch Vorsehung genannt weiß schon, was das Richtige für uns ist. Wieder einen Sohn, Jürgen, hielt es für uns bereit. Einen süßen, kräftigen Achtpfünder durften wir in den Armen halten. Die Wahl des Namens ließen wir vor der Geburt noch offen. Auf Namen beiderlei Geschlechts wollten wir uns vorerst nicht festlegen.

Genehmigte Übersiedlung

Als dem nun älteren Sohn, der noch bei den Großeltern war, mitgeteilt wurde, dass er jetzt einen Bruder hatte, wollte er bei den Eltern und dem Brüderchen sein. Natürlich gehörte die Familie zusammen, auch wenn die Enge des Wohnraumes gemeistert werden musste. Wie aber kam er von Ost nach West? Man darf an Wunder glauben. Für ihn gab es die behördliche Genehmigung zur Ausreise und für meine Mutter die zur Überbringung. In den Schulferien fand sich die beste Gelegenheit dafür. Für wenige Tage waren wir mit der Oma fünf Personen und alle brauchten ein Lager für die Nacht. Den Platz der Zweibettliege teilten wir uns von nun an für noch unbestimmte Zeit zu dritt. Wo aber könnten wir für meine Mutter einen Schlafplatz finden? Einen anderen Rat als beim Pfarramt nachzufragen, wussten wir nicht. Ein Lichtblick bot sich uns. In der Sakristei wäre das Bett des Vikars gerade nicht belegt. Ist die Not am größten, ist bekanntlich Gott am nächsten. Dankbar nahmen wir das Gebotene an. Des Abends begleiteten wir die Oma zur Kirche hin, wohlmeinend sie fände einen behüteten Schlaf. Am Morgen darauf zeigte sich, dass es nicht so gewesen war. Kurz gesagt fühlte sie sich recht unbehaglich. Personenwechsel: Mein Mann nahm den Schlafplatz der Schwiegermutter ein und sie den seinen. Ein guter Tausch war es für ihn nicht. Eine Meute Mücken sah ihn als Opfer, er wurde übel zerstochen. Man sann auf Abhilfe. Das Bügelbrett? Ein Versuch war es wert. Zwischen unseren Schlafplatz und die Kommode eingeschoben und auf zwei Stühle gelegt passte es gerade. Einen erholsamen Schlaf bot das schmale und harte Lager aber auch nicht. Es musste in die Rubrik der Einmaligkeit eingeordnet werden. Eine Tür tat sich auf. Eine Nachbarin gleich gegenüber bot meiner Mutter für die Nacht ihre Wohnzimmerliege an. Es waren nur noch wenige Tage bis zur Abreise zu überbrücken.

Der Krieg hatte viele Opfer gefordert und Schlimmes angerichtet. Eines aber hatte er die Menschen gelehrt: Hilfsbereitschaft. Gibt es diese heute auch noch in so großem Stil?

Auch der Familie unseres Vermieters schuldeten wir übergroßen Dank. Wohlmeinend nahmen sie eine Person als Untermieter in einem kleinen Raum auf. Nach und nach kamen drei weitere hinzu, bis wir zu viert waren. Es war nicht so gewollt oder geplant gewesen, das Schicksal hatte uns diese Prüfungen auferlegt. Große Hilfe fanden wir auch bei den Zwillingsschwestern meines Alters im Haus nebenan. Es entstand ein freundschaftliches Verhältnis. Auch unsere Söhne fanden ein liebevolles Entgegenkommen. In dringenden Fällen nahm man mir den Kleinen ab. Der große Sohn durfte seinen Tretroller auf deren Grundstück stellen. Er war recht stolz auf diesen. Er war ein Geschenk von der Patentante und dem Onkel aus Stuttgart. Überhaupt ließ uns die

Nachbarschaft rundum fühlen, dass wir willkommen waren.

Ferienende

Nach den gebilligten Ferienwochen nahm die Schule ihre Schüler wieder in ihre Obhut. Als Neunjähriger musste unser Sohn sich einordnen. Vorerst war es für ihn eine fremde Welt. Ein anderes Schulsystem fand er vor und der Dialekt war gewöhnungsbedürftig. Bald war ein Freund gefunden, was für ihn von großer Wichtigkeit war. Damit unser Schüler den benötigten Schlaf bekam, mussten wir Eltern uns diesem Rhythmus ebenfalls unterziehen. Unser Einraumdomizil verlangte, dass wir uns dem Schlafbedürfnis der Kinder unterordneten.

Der Kleine wuchs heran. Noch immer musste er im Stubenwagen Platz finden. Zum Glück war dieser recht groß. Immer drängender wurde die Suche nach einer Wohnmöglichkeit mit mehr Platz. Gerne wären wir in diesem Teil der Stadt geblieben, doch in den Einfamilienhäusern hätte nicht noch eine vierköpfige Familie Platz gefunden.

Notlösungen

Das bisherige Familienleben musste sich mit Notlösungen zurechtfinden. Auch das nun Gebotene war noch nicht ganz ideal. Eine Wohneinheit bot einen großen Freiraum für jeden. Die Küche jedoch befand sich auf der anderen Seite des Hausflurs und forderte immer wieder ein Hin und Her. Eigentlich waren die oberen Räume für das Dienstpersonal gedacht. Es war ein gut situiertes Haus, in das wir einzogen. Anfangs wurde uns doch etwas Argwohn entgegengebracht. Nichtschwaben werden Reingeschmeckte genannt. Doch bald waren auch sie davon überzeugt, dass auch die Sachsen rechtschaffene und zuverlässige Leute sind. Misstrauen gab es bald keines mehr. Uns wurde sogar manche materielle Hilfe zuteil. Die beiden berufstätigen Damen, die nebenan im gleichen Stock wohnten, waren uns besonders zugetan. Die eine, in der Betriebsküche einer großen Firma tätig, durfte täglich das übrig gebliebene Essen mitnehmen, das uns zugute kam. Was war das für eine Hilfe, vor allem für den Geldbeutel, der diese sehr nötig hatte!

Die Umgebung

Bald fühlten wir uns auch hier recht wohl. Bad Cannstatt war jetzt unser Zuhause. Ganz in der Nähe befanden sich die Kuranlage und der weitläufige Kurpark. Erholsame Stunden ließen sich da mit den Kindern verbringen. Dem Jüngeren waren die Spielplätze Anziehungspunkte, am liebsten der Sandkasten. Ich teilte die Bank mit den betreuenden Muttis. Bald kam das Strickzeug aus der Tasche und die Nadeln klapperten fleißig in ihrer Runde. Selbstgestricktes erfreute sich in diesen Jahren noch großer Beliebtheit.

Der Ältere, der dem Jüngeren acht Jahre voraus war, hatte die Zeit der Kinderspiele hinter sich gelassen. Das Jugendhaus war oft sein Ziel. Da fanden sich viele Anregungen. Vor allem Bücher waren in seinem Interesse. In der Jugendbibliothek ließ er wohl kaum ein Buch ungelesen.

Besuch der Eltern

Für die Leute, die ihre Berufszeit hinter sich gebracht hatten, wurde von östlicher Seite das Reisen in den Westteil erleichtert. Meine Eltern durften uns besuchen. Die Enkel wollte man doch ab und zu sehen. Ihre Anwesenheit brachte mich auf eine Idee. Sollte ich mir für diese Zeit eine Arbeit suchen? Es wäre hilfreich für die Abzahlung des so dringend benötigten Mobiliars. In leeren Räumen hätte es sich doch nicht leben lassen. Schneller als gedacht saß ich wieder mit am Tisch der Näherinnen eines Konfektionsbetriebes. Gefertigt wurden Mäntel und Kostüme. Es war Akkordarbeit mit Nadel und Faden. An jedem Stück, das gefertigt wurde, ließ sich das Verdiente zählen. Es lohnte sich. Aber wie schnell können vier Besuchswochen um sein. Die Firma hatte sich für längere Zeit meine Mitarbeit erhofft und für uns wäre das Verdiente sehr hilfreich gewesen. Was tun? Ob die Oma den Kleinen für kurze Zeit mitnehmen könnte? Es war ein schwerer Gewissenskonflikt, sich für einige Zeit von dem Kind zu trennen. Wir hätten ihn bei meinen Eltern in besten Händen gewusst. Die Entscheidung fiel so aus, dass die Oma in Begleitung des Enkels heimreiste. Was für ein Wagnis wir eingegangen waren, wurde uns erst jetzt bewusst. Die DDR Regierung machte ihre Gesetze nach Belieben. Wie fehlte uns der Kleine. Der Neunjährige musste derweil seine Selbstständigkeit beweisen und nach der Schule zur Betreuung in den Hort gehen.

Beruf und Haushalt hatten meine Kräfte nach wenigen Monaten aufgezehrt, Erschöpfung genannt. Eine Kur bekam ich verordnet. Ein Hilferuf an die Eltern war wieder nötig, um unseren Haushalt während meiner Abwesenheit zu übernehmen. Sie kamen und vor allem hatten wir nun das Söhnchen wieder.

Nach meiner vierwöchigen Kur gab ich die Berufstätigkeit wieder auf. Die Familie hatte Frau und Mutter wieder. Die Tätigkeit als Hausfrau verlief immer noch auf althergebrachte Weise. Erleichterungen für den Haushalt kamen erst nach und nach. Vorerst war es für die Frau noch immer ein Vollzeitjob. Inzwischen wuchs der Jüngere zum Kindergartenkind heran. Das gab mir für wenige Stunden am Tag die Möglichkeit, das ein oder andere in Ruhe erledigen zu können, denn er war ein recht lebhaftes Kind.

Die Waschmaschine

Ein Waschsalon, wie ich ihn bereits genutzt hatte, war in nächster Nähe nicht zu finden. Ich musste mich wieder mit der althergebrachten Rubbelmethode abfinden. Bald zeigte sich ein Hoffnungsschimmer. Die ersten Waschmaschinen für den Hausgebrauch kamen ins Angebot. Noch lange konnten diese nicht mit den heutigen Vollautomatischen konkurrieren. Das Wasser musste selbst eingefüllt werden, wurde von der Maschine jedoch zum Kochen gebracht. Das flache Wellenrad am Boden bewegte den Inhalt nur in eine Richtung. Nach Beendigung des Waschgangs musste der Wäscheknäuel entwirrt werden. Die mehrmaligen Spülvorgänge verlangten erneute Wassereinfüllung. Nur das Ablassen des Wassers ließ sich mit angebrachtem Schlauch erleichtern. Die dazugehörige Wringvorrichtung presste die tropfnasse Wäsche aus, bevor sie zum Trocknen auf den Wäscheboden kam.

Unsere Bekannten

Eine damals länger gepflegte Freundschaft aus früherer Zeit fand sich wieder, ohne dass wir von der geringen räumlichen Distanz wussten. Die damalige Verbundenheit lebte wieder auf. Es waren gleiche Interessen und der gemeinsame Kampf um das Vorwärtskommen. Unseren Kindern ersetzten wir beidseits die hier fehlende Verwandtschaft. So waren wir ihnen Ersatz für Onkel und Tante. Das gemeinsame Schicksal des Neubeginns zwang uns Sparsamkeit auf. Unsere gemeinsam verfügbaren Sonntage verbrachten wir mit Wanderungen rund um Stuttgart. Wir lernten die wunderschöne Umgebung mit ihrem Grün kennen und durchstreiften die weitläufigen Wälder. Die Kinder konnten ihrem Bewegungsdrang nachgehen. Proviant hatten wir immer dabei. Eine Einkehr in Gaststätten ließ der Geldbeutel nicht zu. Ein Plätzchen für ein Picknick jedoch fand sich immer.

Der Garten

Nach den Jahren getrieben von Wanderlust streb-
te man ruhigeren Gefilden zu. Ein Garten sollte es
bei unseren Bekannten sein. Bald war das Ersehnte gefunden. Auf der Höhe von Uhlbach inmitten
von Weinbergen war das richtige Plätzchen gefunden. Von dort hatte man eine wunderbare
Aussicht. Vorerst stand Arbeit an, ehe Erholung
in der Natur genossen werden konnte. Gewisse
Vorstellungen, wie es werden sollte, trieben zur
Gestaltung an. An einen Nutzgarten dachte man
nicht. Eine Gartenlaube sollte als erstes stehen,
damit für alle Wetter Schutz vorhanden wäre. In
Gemeinschaftsarbeit ging es ans Werk. Einzelne
Bäume als Schattenspender kamen hier und dort
hinzu.

Es lässt sich nicht mehr zählen, wie oft wir den
Weg in diese Höhe gefunden haben. Fast jeden
schönen Sommersonntag verbrachten wir dort
gemeinsam. Hätte es irgendwo schöner sein können? Wir saßen bei Kaffee und Kuchen in der
Runde. War der Tag fortgeschritten, erwarteten
wir einen Genuss, wenn sich ein verführerischer
Duft vom Grill her ausbreitete. Schlich die Dämmerung ins Land, war das meist noch kein Grund
zu gehen. Am lauen Abend spendeten bunte
Lampions festliche Stimmung. Sterne funkelten
dazu und der Mond stand hell am Himmel.

Diese zauberhafte Zeit füllte viele Jahre unseres
Lebens in aller Genügsamkeit aus. Mehr als sechs
Jahrzehnte bewährte sich unsere vertrauensvolle

Freundschaft und gegenseitige Hilfe mit der lieben Familie Paul. Einer konnte sich auf den anderen verlassen. Jetzt übernimmt unser begnadetes Alter die Regie des Tun und Lassens. Vieles muss auf der Strecke bleiben. Unsere Freunde mussten wir bereits auf ihren letzten Weg begleiten. Was bleibt, sind die Erinnerungen und ein dankbarer Blick in die Vergangenheit.

Schauen wir zurück

Für unseren älteren Sohn war es nicht einfach, in einem Jahr drei verschiedene Schulen zu besuchen. Bedingt waren die Schulwechsel durch einen Wohnungswechsel und die Übersiedlung von Ost nach West. Der andere Dialekt war ebenfalls gewöhnungsbedürftig. Die Trennung von langjährigen Freunden und Freundschaften, die nur kurze Zeit gepflegt werden konnten, immer wieder neue Klassengemeinschaften – all das verlangte von ihm, sich neu einzufügen. Dann endlich waren wir sesshaft und er hatte bleibende Freunde. Sein erstes Taschengeld verdiente sich der kaum mehr als Zwölfjährige, indem er von einem Klassenkameraden die Aufgabe übernahm, eine wöchentliche Zeitschrift zuzustellen. Regelmäßigkeit und Verantwortung mussten sein. Die finanzielle Abrechnung beim Verlag hob damit auch sein Selbstbewusstsein.

Das Jahr 1959

Einige Änderungen standen in diesem Jahr an. Für den jüngeren Sohn war die Kindergartenzeit zu Ende. Die Schule nahm ihn jetzt in ihre Pflicht. Was für den Jüngeren begann, endete für den Älteren. Für ihn stand die Frage an, wie es weitergehen sollte. Mit den Möglichkeiten, die sich boten, waren wir noch nicht so recht vertraut. Einen guten Rat bekamen wir bei der Berufsberatung. Der Hinweis führte zur Staatlichen-Höheren-Handelsschule, die in eine Wirtschaftsoberschule überging. Die Firmen suchten sich dort ihre Auszubildenden. Auf diesem Weg kam er zur Firma Siemens. Wir sahen nun mit einem Hoffnungsschimmer der Zukunft entgegen. Ab jetzt würde es aufwärts gehen. Doch Pläne können ihre Gültigkeit verlieren. Wir waren der Meinung, mit vier Personen sei unsere Familie komplett. Doch erneut drängte sich eine Überraschung in unser Leben. Das Schicksal hielt noch ein Kind für uns bereit. Ja, man plant und wird doch gelenkt. War es erst auch ein Schock, freudige Erwartung löste diesen ab. Finanziell hatten wir uns bessere Zeiten erhofft. Unsere Rechenkünste mussten weiter das Auskommen lenken. In Bescheidenheit waren wir ja meisterhaft geübt. Das Finanzielle wurde mehr und mehr zur Nebensache. Freude, Hoffnung und Neugier drängten unsere Bedenken zurück. Sollte es dieses Mal ein Mädchen werden? Monate der Erwartung können lange werden. Der vorgegebene Tag war der 8. Oktober. Doch es tat sich nichts. In Geduld musste ich mich üben. Wollte der Ankömmling schon vor der Geburt den eigenen Willen durchsetzen? Einmal aber musste es doch so weit sein. Ja, nur der Sonntag war genehm. Eine Hektik war an diesem sonnigen Tag in der Klinik zu spüren. Arzt und Hebamme hatten vollauf zu tun. Drei Babys wählten die gleiche Geburtsstunde. Als dritte im Bunde war ich die letzte. „Ein Mädchen" hörte ich in meiner Erlösung die Hebamme sagen. Was für eine Freude! Als das Töchterchen versorgt war, durfte ich sie bei mir haben. Plötzlich wurde sie mir genommen und die Hebamme lief mit ihr weg. Der Papa war am Telefon und mit kräftigem Geschrei durfte sie ihn begrüßen.

Zu gegebener Zeit durften die kleine Sabine und ich nach Hause. Den Tagesverlauf bestimmte gleich unsere kleine Tochter. Schlimmer noch, sogar unseren Schlaf nahm sie in ihre Regie. Es brauchte seine Zeit, bis sich alles ins Regelmäßige eingespielt hatte.

Endlich eine Wohnung

Nun bestand unsere Familie aus fünf Personen. Noch immer war das Verlangen nach einer für uns abgeschlossenen Wohnung da. Unser Wunsch wurde erfüllt. Im neu entstandenen Stadtteil Mönchfeld wurde eine Wohnung für uns bereitgehalten. Bis zur Fertigstellung brauchten wir noch etwas Geduld. Am 1. Februar 1960 durften wir dann einziehen. Viel Grün fand sich zwischen den Häusern. Nahegelegene Weinberge boten uns reichlich Natur. Noch gab es keinen Verkehr in hiesigen Straßen. Wer besaß denn schon ein Auto? Kinder jedoch gab es viele. An Freundschaften zwischen ihnen gab es keinen Mangel. Bescheidenheit, sprich Sparsamkeit, regierte rundum. Alle Familien standen vor einem Neubeginn. Unerfüllbare Wünsche kamen bei den Kindern so gar nicht erst auf. Kindergeburtstage kamen zu jener Zeit in Mode. Begrenzt durfte eingeladen werden. Dabeisein dürfen und Spaß haben genügte schon. Natürlich gehörte ein kleines Geschenk dazu. Manch Selbstgefertigtes machte da eine Freude.

Die Kinder wuchsen heran und wurden selbstständiger. Bald suchte sich die eine oder andere Mutter irgendwo eine Tätigkeit außer Haus. Dann ließ das Auto vor der Tür nicht lange auf sich warten. Bescheidene Modelle der Fahrzeuge waren im Angebot. Die Mobilität kam ins Rollen. Das begann meiner Erinnerung nach in den 60er Jahren, doch vollgeparkte Straßen gab es in dieser

Zeit noch nicht. Es sei bei dieser Gelegenheit erwähnt, dass wir nie ein Auto besessen haben.

Die Radtour

Auch Jugendliche strebten auf und davon. Schulferien standen an. Pläne wurden gemacht. Einmal weg von Zuhause – etwas vom Ländle sehen, das dachten sich die vier fünfzehnjährigen Freunde auch. Das lockende Ziel war der Bodensee. Die Finanzen hatten Mitspracherecht. Nur mit einem Fahrrad konnte das Unternehmen durchgeführt werden. Strampeln von Stuttgart bis ans Schwäbische Meer war angesagt. Unserem Sohn Jürgen fiel das Los zu, mit dem Zug fahren zu dürfen. Er musste das ganze Gepäck und die Zeltausrüstung befördern. Wie hätte dies sonst an den Zielort kommen sollen? Das war das erste selbstständige Unternehmen unseres jüngeren Sohnes mit seinen Freunden. Gewiss tat es seinem Selbstbewusstsein gut.

In die Ferne

Was war mit unserer Tochter los? Lag es an ihrer pubertären Zeit oder war es der Drang weg von der Enge des Elternhauses zu kommen? Nestflüchter nennt man das wohl. Dominierte die Abenteuerlust? Glaubte sie, es wäre Liebe, sich mit 19 Jahren nach Amerika locken zu lassen? Uns hat das sehr betrübt. Wir konnten mitnichten etwas dagegen setzen. Hatte ihr das Schicksal das so auferlegt? Im Nachhinein lässt es sich so deuten. Diese Lehre hielt das Leben für sie bereit. Auf der anderen Seite des großen Meeres ließ sich das Glück für sie nicht finden. Bald erschien ihr das Elternhaus wieder in hellem Licht, denn da gab es Geborgenheit, Liebe und Wärme. Erst aus der Ferne konnte sie das erkennen. Die Gewissheit, dass unsere Türe immer für sie offen sei, gaben wir ihr mit auf den Weg. Sie kam zurück. Auch ihr Hund musste mit zum anderen Kontinent reisen. Als Luftfracht wurde er nachgeschickt. Manchen Trost wird er ihr gespendet haben. Die Reise zurück aber konnte ihm nicht zugemutet werden. Man wusste ihn in liebevollen Händen. Er blieb und durfte sich an Nachwuchs erfreuen.

Unser Ältester

Seine Berufstätigkeit leistete unser Ältester bei der Firma Siemens im Fachgebiet Datenverarbeitung. Dies verlangte seinen Einsatz an mehreren Zweigstellen. Bald war er in Berlin, München, sogar in Mailand und Frankfurt zu finden. In der letztgenannten Stadt wurde er schließlich sesshaft. Mit 29 Jahren heiratete er. Die erste Schwiegertochter erweiterte die Familie. Ein Enkelsohn ließ nicht lange auf sich warten. Öfter war ich jetzt in Frankfurt. Im nahen Schwanheimer Stadtwald fuhr ich ihn spazieren. Mit 8 Jahren bekam er ein Schwesterchen. Wie schön wäre es gewesen, wenn beide zusammen hätten aufwachsen können. Schreckliches musste verkraftet werden. Sechs Wochen vor seiner Kommunion geschah das Unfassbare. Er wurde zum Opfer des Straßenverkehrs ohne eigene Schuld. Statt feierlich mit seinen Freunden eingesegnet zu werden, hatte ihn das Jenseits in Obhut genommen. An jedem 31. Juli, seinem Geburtstag, denken wir daran, wie alt er jetzt geworden wäre.

Silberhochzeit

Wie die Zeit vergeht. Es war ein Wochentag, der 4. November 1969. Es passte, da gab es ein paar freie Schultage und wir nahmen uns vor, diesem Tag etwas Glanz zu geben. Wir wollten Essen gehen. Im Kreis von Verwandten und Freunden wurde die Feier im Sinne der Berufstätigen auf das Wochenende verlegt. Doch unsere Idee war nicht im Einklang mit den Plänen unseres sechzehnjährigen Sohnes. Er wollte uns das Mittagsmahl kochen. Unser Plan änderte sich. Wir wurden an dem sonnigen Tag zum Spaziergang außer Haus geschickt, denn ein „Koch" lässt sich bei seiner Arbeit nicht gerne in die Töpfe schauen.

Zur vorgegebenen Zeit waren wir wieder zuhause. Ein festlich gedeckter Tisch erwartete uns. Gleich wurde serviert. Es gab Gulasch und Spätzle. Der Nachtisch ward Pudding in Weingläsern gerichtet. War das nicht eine Ehrung unseres besonderen Tages?

Das Berufsleben des Jüngeren

Wie der ältere Bruder fand auch der jüngere seinen Weg in die Arbeitswelt bei der Firma Siemens. Häufige Ortswechsel mussten durch die Verlegung des Büros hingenommen werden, so dass täglicher Pendelverkehr nicht auszuschließen war. Jetzt in seinen letzten Berufsjahren drängte sich sogar München noch als Einsatzort auf. Die tägliche Hin- und Herfahrerei war nicht mehr möglich. Eine Zweitwohnung wurde nun unvermeidlich. Eine Neuorientierung diktierte das Familienleben. Mit Auto und Bahn findet man am Wochenende wieder zusammen. Für dringende Gespräche muss das Telefon an sonstigen Tagen die Verbindung aufrecht erhalten. So ist heutzutage die Arbeitswelt ausgerichtet.

Nicht immer verläuft das Leben wie erhofft. Oft legt einem das Schicksal Steine in den Weg. Kleine Steine, größere Steine und fast unüberwindbare Brocken landen vor unseren Füßen. Sie lassen einen gehörig straucheln, wollen uns die Hoffnung nehmen, zehren an der Gesundheit eines geliebten Sohnes. Da hilft beten, auf Gott vertrauen. Er hat geholfen.

Unsere Tochter

Ihre Schuljahre an deren noch drei Jahre Handelsschule angehängt worden waren, gingen zu Ende. Das Berufsleben nahm seinen Anfang. Die Bürotätigkeit schien das Naheliegende zu sein. Die Anstellung beim Rechtsanwalt war ihr sicher. Die Lehrerin stand dahinter, wie wir später erfuhren. Bald stellte sie fest, dass das Schreiben und nur zu schreiben nicht so ganz das Ihre war. Derweil lockte der Sprung über das große Wasser. Dort bot sich die Stelle als Sprechstundenhilfe in einer Arztpraxis an. Das war schon interessanter, denn der Umgang mit Personen lag ihr.

Wieder zurück aus der großen, weiten Welt erwachte in ihr der Wunsch als Flugbegleiterin zu arbeiten. Bevor sie ihren Traum als Flugbegleiterin verwirklichen konnte, arbeitete sie bei einer Autovermietung direkt am Flughafen. „Gemach, gemach. Vorm Eingang bin ich schon, rein komme ich auch noch", meinte sie. Ihr Ziel ließ sie nicht aus den Augen. Der Tag kam, an dem sie am Check-in saß. Flugreisende mit näheren Zielen und in ferne Länder fertigte sie ab. Wohl reiste sie in Gedanken mit den Davonfliegenden mit. Die Zeit kam, da konnte sie dann ebenfalls in ferne Länder reisen.

Unser „Enkelhund"

Spät bekamen wir die Enkelkinder. Gerne wären wir ihnen jüngere Großeltern gewesen. Bei Tochter und Schwiegersohn blieben sie trotz sehnlichem Wunsch leider aus. Auch alle ärztliche Kunst konnte keinen Erfolg bringen. Ein Hund musste den fehlenden Nachwuchs ersetzen. Er bekam Liebe und erwiderte diese mit Treue und Aufmerksamkeit. Ein kleiner, kuscheliger Welpe mit wolligem, schwarzem Fell zog eines Tages bei ihnen ein. Mozart wurde er genannt. Ein wunderbares, gelehriges Tier war er. Seinem außergewöhnlichen Namen machte er alle Ehre. Wie klug kann ein Tier sein, wenn es mit Hingabe und Anerkennung erzogen wird! Dank seiner guten Pflege war sein Fell auffallend weich und glänzte wie Seide. Geleerte Becher von Sahne und anderem leckte er fein säuberlich aus. Schon wusste er wohin damit. Die für ihn angebrachte Kordel mit Knubbel am Griff der Türe wurde mit der Schnauze gefasst und gezogen. Schon stand die Tür offen und der Behälter mit Abfall war sichtbar. Am angebrachten Band gezogen und der Behälter kam vor und der Deckel ging hoch. Den Becher gefasst und rein damit. Mit zwei Stupsern war die Türe zu. Alles hatte seine Ordnung und war aufgeräumt. Und wo bitte war seine Belohnung? Ein kleines Leckerli war fällig.

Wie er schwarze Handtaschen liebte! Die Oma hatte eine. Da war immer etwas Gutes drin, wenn sie kam. „Mach doch schnell", sagte er mit Gebell. Er wusste, dass ich ihm etwas mitgebracht hatte. Andere Damen aber haben auch schwarze Handtaschen wie die Oma. Schnell mal schnuppern. Es hätte ja etwas für ihn drin sein können. Peinlich, peinlich für Frauchen – eine Erklärung war nötig.

Wie gerne hatte er Besucher im Haus, je mehr umso besser. Wenn der Tisch verlängert und die Tafel gerichtet wurde, kamen bald die Gäste. Wie ihn das freute! Da wedelte vor Freude schon der Schwanz.

Ein Hundefräulein kam zur Gesellschaft noch ins Haus. Es war Liebe auf den ersten Blick. Gerne teilte Mozart mit Feenja seinen Liegeplatz. Ach, war das Kuscheln schön! Gute Manieren kannte sie jedoch nicht. Naja, sie war ja auch ein Tierheimkind. Was lernte man da schon? Ängstlich war sie, die Kleine. Mozart nahm sich vor, ihr Benimm beizubringen. Von wegen das Wasser im Zimmer laufen lassen, das ging nicht! Bald hatte sie begriffen: Nur draußen darf ich müssen. Recht gelehrig war und ist sie. Sie machte sich bald zu jedermanns Liebling.

Glück lässt sich aber nicht für die Ewigkeit buchen. Große Trauer zog ins Haus. Für alle ganz unerwartet wurde Mozart in den Hundehimmel abberufen. Was bleibt, sind schöne Erinnerungen an ihn.

Unser Ältester

Kann man es glauben? Längst schon hat unser erstgeborener Sohn sein Berufsleben hinter sich gebracht. Nach 45 Jahren Verpflichtung bei der gleichen Firma kann er seine Zeit nun frei gestalten. Schon in seinen jungen Jahren zog es ihn aufs Wasser. Seine erste Segelerfahrung bei Wind und Wellen machte er auf dem Gardasee. Es durfte größer sein, das Wasser, auf dem er dahinschippern wollte. Ein Segeltörn auf der Ostsee lockte. Da wollte er dabeisein. Das Boot war für sechs Personen bestimmt. Der Eigner, ein erfahrener Seemann als Kommandant eines Kriegsschiffes, führte und lehrte die kleine Besatzung. Mal fuhr man auf spiegelglatter See, mal gab es gehörgien Wellengang. Sie wurden zu einer eingeschworenen Gemeinschaft. Abwechselnd musste ein jeder seine Kochkunst unter Beweis stellen. Von den Erlebnissen wurde zuhause begeistert erzählt. Hatte er die Liebe zur See vom Vater mitbekommen? Nur musste der Vater die Gefahren auf See im Krieg erleben. Interessiert hörte er den Berichten des Sohnes von dessen Erlebnissen zu. Nebenbei fiel auch der Name des Bootseigners: „Von Hassel". Sollte man es glauben? Er war Kommandant des gleichen Mienensuchbootes, auf dem sein Vater zur Besatzung gehört hatte, gewesen. Was gibt es doch für Zufälle!

Wieder lockte den Jungen das Meer. Auf dem Segelschiff „Alexander von Humboldt" meldete er sich zu einem Lehrgang an. Bald stellte sich seine vielseitige Einsetzbarkeit heraus. Mittlerweile wird er als Mitarbeiter geführt und bei Bedarf angefordert. Manche Länder und Inseln lernte er auf diese Weise schon kennen.

Goldene Hochzeit 1994

War es möglich? Schon waren wir 50 Jahre verheiratet. Wohin war die Zeit gegangen? Das verlangte gebührende Beachtung. Da sich unsere Ehe nur auf dem Standesamt vollzogen hatte, wollten wir den kirchlichen Segen noch im Nachhinein. War es damals nur eine Feier im kleineren Kreis gewesen, so hatte sich die Familie durch Kinder und Enkelkinder beachtlich erweitert. Hinzu kamen Verwandte, Freunde und Bekannte. Wie es unserer Tochter so liegt, nahm sie die ganze Aktivität in ihre Hände. Nun müsse auch die damals nicht mögliche Hochzeitsreise nachgeholt werden, war ihre Meinung. Eine weite Reise war in Planung und sie übernahm das Organisatorische. Bald saßen wir im Flieger, der uns in Begleitung von Tochter und Schwiegersohn nach Südafrika brachte. Kapstadt war das Ziel. Mit seinen Kenntnissen der dortigen Umgebung war unser Schwiegersohn ein guter Reiseführer. Was bekamen wir dort alles zu sehen? Trotz langer Wartezeit ließen wir uns mit der Seilbahn auf den Tafelberg bringen. An Tagen guter Sicht war der Andrang besonders groß. Es bot sich uns eine weite Sicht über Land und Meer.

Auch durften wir am südlichsten Punkt des Kontinentes stehen, wo der Atlantik und der Indische Ozean sich bei heftig blasendem Wind mit stürmischen Wellen vereinigen.

Zwei Tage brachten wir im Krügerpark zu und erlebten das Großwild fast zum Greifen nahe.

Noch über einiges mehr ließ uns das Land staunen. Drei ereignisreiche Wochen durften wir dort verbringen. Wer hätte gedacht, dass wir so etwas je erleben dürften?

Ehrenamt

Was macht man als Hausfrau, wenn die Familie einen nicht mehr recht fordert? Eine andere Tätigkeit tat sich auf. In unserem Stadtteil wurde die Nachbarschaftshilfe für Betagte ins Leben gerufen. Gleich war ich dabei. Den älteren Leuten wurden beschwerliche Arbeiten abgenommen. Bald wurde diese Idee auch anderswo aufgegriffen. In unserem Bereich bekam ich die Leitung übertragen. Hilfskräfte waren zu organisieren und deren Einsatz je Stunde mit 2 Mark zu bezahlen. Wir dachten weiter. Ein regelmäßiges Treffen der Senioren wäre sicher förderlich für sie. Mit kirchlicher Hilfe wurde der Gedanke bald realisiert. Ein wöchentliches Treffen in deren Räumlichkeiten wurde zur Regel. Es ließ sich immer ein Programm finden, das geboten werden konnte. Natürlich gehörte ein Tässchen Kaffee dazu. So wurde mancher aus seiner Einsamkeit geholt. Freundschaften kamen zustande. Dazu war es gedacht.

Jahre später wurde ich auf eine andere Begegnungsstätte für Senioren aufmerksam. In deren Programm wurde auch Englischunterricht angeboten. Lange schon ging ich mit dem Gedanken um, diese Sprache lernen zu wollen. Der Mut fehlte, den Anfang zu wagen. Der angebotene Anfängerkurs schien mir gerade recht. Ich wollte teilnehmen und befand mich unter meinesgleichen. Alle gehörten bereits der Generation Großeltern an. Das hatte seinen Vorteil. Die Lern-

schritte wurden dem Aufnahmevermögen ange-
passt.

Auch eine Bastelgruppe stand im Programm, die
ebenfalls mein Interesse weckte. An selbst ge-
machten Dingen hatte ich schon immer Freude
gefunden. Erstaunlich, was für gute Ideen die
Leiterin stets hatte! Es fand sich eine nette Gemeinschaft zusammen. Ausflüge standen mit auf
dem Programm. Mit Museumsbesuchen oder anderen Dingen verbunden, waren diese meist sehr
lehrreich. Sogar gemeinsame siebentägige Frei-
zeiten wurden von der Leiterin und ihrem Ehemann organisiert.

Reisen

Gedanken an große Reisen gab es bei uns nicht. Wenn schon, dann waren es Besuche bei nahegelegenen Verwandten, die sich mal einschieben ließen. Durch Möglichkeiten und Initiative unserer Tochter sahen wir dennoch etwas von weiter entfernten Orten. In ein Flugzeug zu steigen war für mich zunächst undenkbar. Der Tag kam, als ich damit konfrontiert wurde und ich meine Bedenken gegenüber dem Fliegen aufgeben musste. Mit Mann und Tochter saß ich im Flugzeug – Florida war unser Ziel. Eine andere Welt tat sich uns auf. Wir fuhren mit dem Auto von Miami nach Key West auf der Straße im Meer, wie die Verbindung zwischen Festland und der Insel genannt wird. Über 42 Brücken, die längste 7 Kilometer lang, ging es von einer kleinen Insel zur andern bis zum erstrebten Ziel.

Was gab es nicht alles Interessantes in diesem Land für uns zu sehen. Die Besichtigung der Raketenbasis, von wo aus diese ins All starten, ließen wir nicht aus. Eine Vorstellung von ihrer gewaltigen Größe bekamen wir erst, als wir vor ihnen standen. Es war möglich einen Blick in das Innere einer der ersten bemannten Raumkapseln zu werfen. Wie dicht gedrängt doch die drei Astronauten beieinander hatten sitzen müssen! Sogar ins Spaceshuttle durften wir steigen, das einst für die Versorgung der Raumstation eingesetzt worden war. Um die benötigten Materialien nach oben zu bringen, wurde viel Raum gebraucht.

163

Eine riesige Apparatur für den Flug und zur Ankopplung an die Station im All war nötig.

Bei einer anderen Reise standen wir vor dem Kapitol in Washington. Ein weiterer Besuch Amerikas führte uns in den Norden. Dort konnten wir die riesigen Niagarafälle, die gewaltig donnernd und schäumend ihr Wasser in die Tiefe stürzen lassen, bestaunen.

Kurz gesagt durften wir etwas von der Welt hinter dem großen Wasser sehen.

Auch England sollte mir nicht ganz fremd bleiben. Noch ohne größere Kenntnisse der Sprache nahm ich so kühn wie mutig auf Drängen einer Freundin das Angebot eines Schulbesuches für zwei Wochen an. Es war ein spezielles Angebot für Senioren. Am Vormittag fand Unterricht statt. Die Nachmittage gehörten den Ausflügen zu verschiedenen bekannten Orten. Unsere Lehrerin reiste sogar mit uns betagten Schülerinnen für eine Woche mit nach England. Ihr Programm hat uns viel Sehenswertes geboten und uns einiges von Englands Historik gelehrt. Besonders beeindruckend war für mich der Besuch des Parlaments mit Führung durch dessen Räumlichkeiten. Das sind bleibende Erinnerungen.

Längst lässt das Alter größere Reisen nicht mehr zu. Stattdessen haben uns Tochter und Schwiegersohn öfter an ihren Urlaubsreisen zur See oder auf Inseln einige Tage teilhaben lassen. Dankbar nehmen wir an, was das Leben uns in unseren späten, ja sogar betagten Jahren noch bietet.

Das diamantene Paar

Wie schnell doch die Zeit vergeht. Was sind schon zehn Jahre auf dem Erdenrund? Schon wurden wir als diamantenes Ehepaar gefeiert. Als Überraschung hatten unsere Kinder wieder eine kirchliche Ehrung geplant.

Schon waren weitere fünf Jahre ins Land gegangen: 65 Ehejahre werden Eiserne Hochzeit genannt. Es lichtete sich bereits die Zahl der teilnehmenden Gäste unserer Jahrgänge. Für Neuzugänge zu sorgen obliegt nun unseren Nachkommen. So ganz nebenbei lässt sich sagen, dass sich bereits weitere Ehejahre im Buch unseres Lebens dazuschreiben lassen und wir dieses Jahr 70 Jahre Ehe feiern können, die so genannte Gnadenhochzeit. Es ist eine große Gnade, die späten Jahre noch gemeinsam verbringen zu dürfen.

Mein Mann
<u>Auf dem Land</u>

Am 1. September 1920 wurde mein lieber Mann in Gostemitz, einem ganz kleinen Dörfchen nahe der Stadt Eilenburg, geboren. Die Zahl der Einwohner wird es wohl kaum auf 100 gebracht haben. Eine Gegend unberührt von städtischer Betriebsamkeit war es. Mit noch zwei nachfolgenden Geschwistern verbrachte er dort seine Kinderjahre. Der Garten hinterm Haus war ihre Welt. Diesen teilten sie sich mit einigen Tieren. Es war der Hund, der das Anwesen bewachte. Die Geiß ließ ihr Meckern hören. Sie war von großer Bedeutsamkeit für die Lieferung der benötigten Milch, besonders im Säuglingsalter. Gackernde Hühner hatten ihren Auslauf und sorgten täglich für frische Eier. Im Stall grunzte ein Schwein, das groß und fett werden sollte, damit es einst nahrhaft auf den Tellern liegen könnte. Zu gegebener Jahreszeit ließ sich von den Beeten etwas Gemüse ernten. Was sonst noch für das einfache Leben nötig war, gab es im Krämerladen des nächsten Dorfes zu kaufen. Ein kleiner Bierausschank wurde nebenbei betrieben. Das war eine kleine Welt für sich.

Die Kinder vertrieben sich ihre Zeit auch in der näheren Umgebung. Es wurde erkundet, was sich so bot. Anziehend war der Wassergraben. Papierschiffchen ließen sie darauf treiben und liefen ihnen nach, bis sie untergingen. Lustig sprangen sie hinüber und herüber und wetteiferte mit anderen. Einmal zu kurz gesprungen und schon saß der Bub im Wasser. Oh je, die Sonntagshose war patschnass. Was nun? Zuhause war die Stube voller Besucher, denn es war Pfingsten. So konnte er nicht heim gehen. Die liebe Sonne musste es richten. Ausgebreitet lag die Hose im Gras. Geduld, Geduld – bis sie trocken zu sein schien. Wer würde schon etwas merken? Beklemmt jedoch schlich er nach Hause. Hier stimmte etwas nicht, sahen gleich die prüfenden Blicke. Für das Malheur gab es auf das feuchte Hinterteil gleich noch einige Hiebe dazu.

Der Winter war eingezogen mit Schnee und Kälte. Weiß bedeckt waren Feld und Flur. Dies brachte andere Freuden mit sich. Der Dorfteich lockte mit seinem glitzernden Eis. Würde es schon tragen? Sollte man es wagen? Nur Mut. Er schlitterte hin und her. War da nicht plötzlich ein Knacken? Schnell weg! Zu spät. Schon war er im eiskalten Nass gelandet. Laute Hilferufe ließen sich vernehmen. Eilig rannten nahestehende Kinder zum nächsten Nachbarn. Schon kam er angesaust und zog das Bürschlein heraus. Tropfend ging es schnell nach Hause. Beim Erzählen seiner Erinnerungen der Kindheit, wird der helfende Mann noch immer dankbar als sein Lebensretter bezeichnet.

Schlimm kann Zahnweh plagen. Das weiß wohl ein jeder, der je darunter litt. Der Bub Walter musste das auch erfahren. So war auch er einmal ein Fall für den Landarzt. Der war für alles Weh und Ach der in seinem Bereich wohnenden Bevölkerung zuständig. So versorgte er ein ausgedehntes Gebiet. Nicht für jeden war seine Praxis in Reichweite. Mit dem Motorrad fuhr er zu seinen Patienten. Im Rucksack hatte er das nötige Behandlungsmaterial. Der Doktor wurde gerufen. Aus der Ferne schon kündigte das Motorgebrumm sein Kommen an. Panik packte den Jungen. Er nahm Reißaus. Fortan war er nirgendwo zu finden. Suchen und Rufen brachte auch keinen Erfolg. So wusste man, dass Angst schlimmer sein konnte als Zahnweh. Der Arzt fuhr wieder ab, das Zahnweh blieb.

Ein jeder, der sechs Lenze zählte, musste zur Schule gehen. War der Schulweg auch noch so weit, man wurde davon nicht befreit. War die Dorfschule nicht im nächsten Ort, lief man noch etwas weiter. Man glaubt es kaum, vier Jahrgänge saßen da in einem Raum. Man fragte sich nur, wie das gehen konnte, zur gleichen Zeit jede Altersstufe mit dem entsprechenden Lernstoff zu versehen.

Die Großeltern

Eine kleine Landbrauerei betrieb der Großvater. Die Zeit war gekommen, dass er in den ihm zustehenden Ruhestand gehen durfte. Keiner seiner mit tätigen Söhne wollte den Betrieb übernehmen. Eine bekannte Brauerei kaufte sie auf. Die Söhne wurden unkündbar übernommen. Fortan mussten sie einige Kilometer mit dem Zug zur Arbeit fahren.

Die Großeltern zogen in ein kleines, bescheidenes, dörfliches Anwesen und betrieben nebenbei ihren kleinen Bierausschank weiter.

Die junge Familie zog in die nahegelegene Stadt, damit es der Vater zum Bahnhof nicht allzu weit hatte. Auch der Schulwechsel war für die Kinder von Vorteil. Die Schule lag in der Nähe und jede Altersstufe hatte eine eigene Klasse. Um das Leben in der Natur nicht zu vermissen, legten sich die Eltern einen Schrebergarten zu. Ach, wie dumm! Musste ausgerechnet der strenge Klassenlehrer der Gartennachbar sein? Dem Knaben hätte gewiss etwas mehr Abstand von schulischer Sittsamkeit zugestanden.

Laufbursche

Das letzte Schuljahr war angegangen. Die Zeit macht nicht nur älter, auch reifer lässt sie einen werden. Wünsche drängten sich auf, wenn auch in bescheidener Form. Zu dieser Zeit gab es noch kein Taschengeld für Kinder, auch wenn sie bereits älter waren. Selbst musste man sich etwas verdienen. In einem kleinen Kaufhaus bot sich die Gelegenheit, eine Stelle als Laufbursche zu übernehmen. Das Angebot ließ er sich nicht entgehen. Fortan hatten die Nachmittage des fast Vierzehnjährigen ihre feste Bestimmung. Täglich führte der Weg zur Post, er brachte Briefe und

Pakete hin und nahm mit, was postlagernd da war. Manche Kundin wollte ihre Ware zugestellt bekommen. Wer auf Raten kaufte, musste regelmäßig einkassiert werden. Fiel der Köchin ein, sie brauche dringend noch etwas vom Markt, so sauste der Junge los und besorgte es. Drängte der Hund zum Gassi gehen, so lief er mit ihm die gewohnte Runde. Abwechslungsreich war diese Tätigkeit. Die Sparbüchse bekam wöchentlich das Salär zugesteckt. Bald konnte er die ersehnte Spiegelreflexkamera sein Eigen nennen. Selbstentwickelte Fotos wurden zum Hobby. Als Dunkelraum für die Entwicklung musste das Badezimmer herhalten. Das war nicht gerade zur Freude derer, die mit Dringlichkeit Zutritt begehren mussten.

Radtouren

Ein Fahrrad macht mobil, lässt einen Ausflüge planen und mit Freunden die Umgebung erkunden. Bei jeder Tour fuhr der Stolz auf das selbst verdiente Rad mit. Zuerst genügte das Radeln kurzer Strecken, dann drängte sich Fernweh in die Urlaubszeit des inzwischen zum Lehrling gewordenen. Pläne wurden mit dem Freund gemacht und Landkarten studiert. Bald war die Idee gereift. Hamburg zog die zwei Burschen an. In Eilenburg hieß es: „Aufgesessen". Nun wurde in die Pedale getreten. In Etappen ging es zielsicher auf die weite Strecke. Sparsamkeit musste eingeplant werden. So bestand der mitgeführte Proviant nur aus Brot, Margarine und Kunsthonig.

Festgelegt waren im Voraus die Übernachtungen in Jugendherbergen, die täglich erreicht werden mussten. Nach verdienter Nachtruhe ging es am Morgen mit dem bewährten Stahlross weiter. Tag für Tag, bis das Ziel erreicht war. Wie staunte der Onkel, als sein Neffe mitsamt Freund vor ihm stand und noch mehr über die vollbrachte Leistung der beiden. Eine Rundfahrt mit der Straßenbahn war ihnen sicher. Der Onkel war Fahrer einer solchen. So lernten sie die Hafenstadt kennen. Gab sie dem Jungen damals auch die Liebe zur See?

Heiligabend 1937

Das Rad der Zeit dreht sich unentwegt. Wieder stand Weihnachten bevor. Freudige und fröhliche Tage sollten es sein. Die Familie fand sich zum Fest zusammen, die Kinder warteten voller Ungeduld darauf. Es konnte sich aber auch trostlos und sehr traurig zeigen: Dunkle Wolken, sehr dunkle sogar, legten sich an jenem Heiligabend über die Familie. Die Mutter war wegen einer schon länger andauernden Krankheit im Krankenhaus. Warum musste es gerade dieser Tag sein, an dem sie ihre Lieben für immer verließ? Statt Lichterglanz, Fröhlichkeit und zu erwartenden Geschenken zog tiefe Traurigkeit in die Herzen derer, die sie liebte und nun verlassen musste.

Der Lebensabend

Längst sind unsere Kinder aus dem Haus und haben ihre eigenen Familien. Sie haben ihren Weg gefunden. Wir glauben, sie bis zu ihrer Selbstständigkeit recht gut geführt zu haben. Unsere sorgende Pflicht als Eltern ist getan. Jetzt stehen sie uns bei. Ihre Dankbarkeit ist für uns spürbar. Als wir allein waren, stand Neuorientierung an. Langeweile zog aber nicht ein. Dem Mann als Ruheständler bot sich bei einem Nachbarn Mithilfe im Garten als Beschäftigung an. Wie gut frische Luft und Sonne ihm taten, war ihm anzusehen. Nach getaner Arbeit kamen die Hobbygärtner müde nach Hause.

Die Zugehörigkeit zu einem Wanderverein brachte uns an den Wochenenden an manch entlegenen Ort. Oft waren es Ausflüge über mehrere Tage. Die Gemeinschaft schmiedete uns zusammen. Dem Wandertrieb verfallen ließ es meinen Mann nicht mehr los. Sobald die Sonne lockte, wurden die Wanderschuhe geschnürt. Ein interessierter Mitläufer fand sich immer. Was aber waren Tagestouren? Der Westweg des Schwarzwaldes ließ ihm mit seiner Verlockung keine Ruhe. Sie drängte sich auf, bis sie zum Muss wurde. Ein Mitwanderer ließ sich bald finden. Schusters Rappen wurden „gesattelt". So marschierten beide einige Tage bergauf, bergab von Freudenstadt bis nach Basel. Gewiss war es ein Glücksgefühl, das angestrebte Ziel erreicht zu haben.

Tage, die nicht ins Freie lockten, wurden mit großem Interesse der Briefmarkensammlung gewidmet. Mit Hingabe wurde geordnet und sortiert immer bedacht darauf, auf dem neusten Stand zu sein. Eine beachtliche Reihe an Alben behauptet noch immer ihren Platz im Schrank.

Alles hat seine Zeit. Während der beruflichen Tätigkeit war nebenbei beim Landgericht das Amt als Schöffe zu begleiten. Diese Tätigkeit zog sich einige Jahre danach noch hin, als bereits der Ruhestand die täglichen Pflichten abgelöst hatte.

Nun lässt das Alter seiner jetzt 93 Jahre die Kraft meines Mannes weniger werden. Die Wege werden kürzer, das Gehen bedächtiger. Das Hören bringt Schwierigkeiten mit sich. Zeitungen und Bücher halten den Geist interessiert. Vor allem Bücher der Kriegsmarine werden mit großem Interesse studiert, das ein oder andere zum wiederholten Male gelesen. Er fand heraus, dass er bei manchem Einsatz, der in den Büchern beschrieben wird, dabei war. Auf diese Art werden wohl so einige der schrecklichen Erlebnisse aufgearbeitet worden sein.

Unsere Lebensaufgabe war es wohl, die drei Kinder zu führen, bis sie selbstständig ihren Weg gehen konnten. Gerne würden wir unsere Enkeltöchter noch einige Zeit auf ihrem Lebensweg begleiten. Schade, dass wir ihnen so betagte Großeltern sind.

Das Alter setzt uns Grenzen. Die Kräfte werden weniger. Die überschnell fortschreitende Technik lässt uns ahnungslos zurück. Die Moderne der Zeit überrollt uns laufend. Dürfen wir trotzdem gewiss sein, die Aufgabe unseres Lebens erfüllt zu haben?

Danksagung

Meinem lieben Mann gebührt ein herzlicher Dank, da er mir ermöglicht hat, den Rückblick auf unser gemeinsames Leben zu Papier zu bringen. Er ließ mir die Zeit zum Schreiben. Trotz seiner 93 Jahre bietet er mir noch immer seine Hilfe im Haushalt an, um mir die täglichen Anforderungen zu erleichtern.

Danken möchte ich auch unserer lieben Enkeltochter Manuela Graul sowie Pauline Kraatz, der lieben Tochter unserer netten Nachbarn, die uns oft manche Mühen des Alltags abnehmen. Obwohl sie im Abiturstress standen, mühten sich die beiden Mädchen, meine gelernte Handschrift aus früherer Zeit lesbar ihren Computern zuzuführen. Großer Dank gebührt Pauline Kraatz außerdem dafür, dass sie sich die Zeit nahm, das von mir Geschriebene nochmals durchzusehen und dafür, dass sie die Gestaltung des Buches übernahm.

Anhang
<u>Brief unserer Tochter an uns: Weihnachten 2012</u>

Liebe Mama, lieber Papa,

was schenkt man seinen Eltern zu Weihnachten, wenn sie haben, was sie brauchen und man ihnen das, was sie brauchen, aber nicht schenken kann? So dachte ich mir, ich schreibe euch einen Brief, nicht von Hand, aber er kommt von Herzen. Viele Dinge habe ich im Kopf, die ich euch schon immer sagen wollte und dies möchte ich tun, solange ihr mir zuhören könnt, wenn auch in Schriftform.

Dreiundfünfzig Jahre darf ich nun schon auf dieser Welt sein und habe genau so viele Geburtstage feiern dürfen, auch wenn das eine oder andere Mal ziemlich viele Kilometer zwischen uns lagen. Ich habe gespürt, ihr seid in Gedanken bei mir und das tat und tut sehr gut. Aber nicht nur Geburtstage (auch die Vierbeinigen) sondern auch andere schöne Feste wie Ostern, Weihnachten und Hochzeitstage haben wir gemeinsam verbracht.

Die Fee der Meditation

„Die Gotteserfahrung ist kein Besitzergreifen, es ist das Gehen mit Gott; es ist ein ständiges Lassen."

Sehr gerne erinnere ich mich an unsere gemeinsamen Urlaube in den USA, Südafrika, England und Dänemark. Ich hoffe, ich habe jetzt kein Land in der Aufzählung vergessen. Ich durfte euch ein wenig von dem zurückgeben, was ihr mir die letzten Jahre gegeben und geschenkt habt. Wir haben in den Urlauben gelacht, vieles bestaunt aber auch mal gestritten. DANKE, dass ihr mitgekommen seid.

Die Fee der Nacht

„Alles Glück dieser Welt kommt von selbstlosen Herzen. Und all ihr Unglück von der Selbstliebe."

Es war sehr schön, eine Mutter zu haben, die nicht arbeitete und wenn man von der Schule nach Hause kam, war sie da. Alleine sein war für mich als Kind nicht einfach, DANKE fürs Dasein. Sehr gut erinnere ich mich auch daran, dass mir Papa sonntags im Bett vorgelesen hat oder mit mir ins Sportheim spazierte und ich dort ein Eis haben durfte. Dieses Glück haben heute viele Kinder nicht mehr. Beide Eltern gehen arbeiten und haben wenig Zeit für ihre Kinder. Dafür habt ihr finanziell sehr zurückgesteckt. Dafür möchte ich euch meine größte Hochachtung aussprechen und von ganzem Herzen danken.

Die Fee des Schicksals

„Die willens sind, führt das Schicksal,
die nicht willens sind, schleift es."

Euer Leben war nicht ganz einfach und mit vielen Prüfungen belegt, ganz ehrlich, ich hätte mit euch nicht tauschen wollen. Was man sich doch für Aufgaben aussucht, bevor man in diese Welt geboren wird. Ob man sie erfüllt hat, erfährt man erst später. Wenn man aber so lange auf dieser Welt verweilt wie ihr, muss man schon sehr gut darin sein.

Die Fee der Inspiration

„Folge deinem eigenen Licht."

Ich bin überaus glücklich und stolz, immer noch sagen zu können, dass meine Eltern leben. Wie viele meiner Freunde, Bekannten und Mitschüler mussten sich von ihren Eltern bereits verabschieden? Es ist zwar kein Abschied für immer, aber es tut weh. Ich habe das große Glück und kann immer noch zum Telefonhörer greifen und euch jederzeit anrufen oder euch besuchen.

Es ist so schön, euch beide zusammen zu sehen. Es ist unglaublich, wie gut ihr euren Haushalt meistert, auch wenn mir der Atem stockt, wenn ich höre, wie die Gardinen gewaschen bzw. danach auf der Leiter wieder aufgehängt wurden.

Ist das nicht seltsam? Früher habt ihr euch Sorgen um mich gemacht, jetzt dreht sich das Ganze langsam herum. Ihr sollt wissen, wann immer ihr Hilfe benötigt, sind wir für euch da. Wir helfen, weil wir es gerne tun, es kommt von tiefstem Herzen und aus LIEBE.

Die Fee der Dankbarkeit

„Dankbarkeit ist die Wachsamkeit der Seele über die Kraft der Zerstörung."

Ich genieße immer sehr die Telefonate mit dir, liebe Mama. So kann ich dich/euch an unserem Leben teilhaben lassen. Leider kann ich mit Papa nicht so gut telefonieren, weil er mich nicht mehr so gut versteht, was mich traurig macht. Lieber Papa, da du dich gegen ein Hörgerät entschieden hast, was ich respektiere, bekommst du auf unseren Familienfesten auch nicht immer alles mit. Ich wünschte mir, es wäre anders. Für mich seid ihr die besten Eltern auf dieser Welt. Wundervoll, dass ihr den Mut hattet, mir, wenn auch nicht bewusst geplant, das Leben zu schenken.

Die Fee der Beziehung

„Eine gute Beziehung ist die, in welcher jeder den anderen zum Wächter seiner Einsamkeit bestellt."

Ich wünsche euch beiden ein gesegnetes Weihnachtsfest verbunden mit den besten Wünschen, Glück und Gesundheit. Mögen noch viele Weihnachten folgen.

In verbundener und dankbarer Liebe,

eure Tochter Sabine

Die Fee der Worte

„Das einzige, was erscheinen kann, sind Engel und Bücher."